실행하기 쉬운
21세기형 제안제도

국립중앙도서관 출판시도서목록(CIP)

(실행하기 쉬운 21세기형) 제안제도 /어용일 지음.
— 서울 : 한국능률협회출판, 2003
　　　P. ;　　cm.

판제: 제도 업종에서 판매 · 서비스 업종까지
ISBN 89-7277-218-6 13320 : ₩11,000

325.3-KDC4
658.314-DDC21　　　　　　　　CIP 2003000551

실행하기 쉬운
21세기형 제안제도

어용일 지음

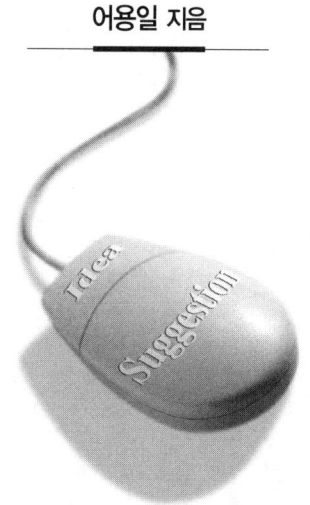

한국능률협회

서문

국내 기업 중에서 제안활동을 하지 않는 기업은 거의 없다. 이러한 제안활동으로 인해 기업은 원가 절감이나 품질 향상, 생산성 향상 등 많은 효과를 얻고 있다. 그러나 제안제도라는 것이 일본에서 건너와 우리 나라에 도입되어 보급된 것이 1970년대라고 볼 때, 제안활동의 역사는 무려 30여 년이나 된다. 즉, 30년 전의 제안제도를 지금도 그대로 사용하고 있다는 이야기이다. 30년 된 제안제도! 지식 정보화 시대에 30년 전 제도를 그대로 사용하고 있는 것이다! 30년 된 제도가 지금도 존재함으로써 여러 기업들에게 영향을 미치고 있다니, 그저 놀라울 따름이다.

그러나 현실은 현실이다. 전국 각 기업에서 이 제안제도를 사용하여 큰 효과를 보고 있다는 것은 그것이 비록 30년이나 된 제도라 해도 부인할 수 없는 현실인 것이다. 더구나 지금도 기업들은 제안제도를 활성화시키려고 제안 추진 사무국을 두기도 하고, 신입 사원이 들어오면 교육도 시키는 등 열심히 제안활동을 추진하고 있다.

그러나 제안제도를 가만히 들여다보면 나름대로의 성과도 있지만,

이면에는 보이지 않는 비효율과 낭비 및 사원들에게 또 하나의 스트레스가 되고 있는 것도 부인할 수 없다. 어떤 회사 사원들은 제안제도를 없애자는 제안도 서슴없이 할 정도로 호감보다는 반감이 더 많다는 것을 필자는 기업 지도를 하면서 많이 느끼고 있다. 이러한 불만이 쌓여 있음에도 불구하고 제안제도는 오늘날 기업의 경영 활동 중 하나로 자리 잡고 있다는 사실도 지울 수 없는 현실이다. 그렇다면 왜 이 글을 쓰게 되었는가?

기업에 제안 교육을 가서 많이 듣게 되는 말이 "무엇 때문에 제안 교육을 합니까?"이다. 물론 제안에 대해서 모르는 사람은 없을 것이다. 하지만 사람들이 알고 있는 제안 지식이란 과거 1970년도 초기의 문제를 찾아 개선을 하고 이를 심사해서 포상하는 정도의 간단한 것이다. 그래서 이제는 지식 정보화 시대이기 때문에 제안제도도 바뀌어야 하고, 제안에 대한 인식도 바뀌어야 기업이 경쟁력을 가질 수 있다고 목이 터져라 말한다. 그렇게 서너 시간 교육을 하고 나면 제안에 대한 인식이 완전히 바뀐다. 제안도 잘만 활용하면 기업 문화까지 바꿀 수 있는 좋은 제도라고, 제안이 생각했던 것보다 쉽고 가까이 있다고들 하면서 교육받기를 참 잘했다고 입을 모은다.

이러한 반응에 힘을 얻어 새로운 개념의 제안제도를 들어 보지 못한 사람들을 위해 하루빨리 책으로 만들어 전파해야겠다고 결심하여 자료를 수집하기 시작했다. 필자는 30년 된 제안제도를 버리라고 말하는 것이 아니다. 이 제안제도가 이미 전 기업에 영향을 미치고 있고 버릴 수 없는 제도라면 이 시대의 언어로 좀더 깊이 있는 내용을 담아 기업에게 도움이 되도록 하고자 하는 바람에서 이 글을 쓰게 되었다. 즉, 30여 년 동안 제안활동을 하면서 나타난 많은 문제점들을 과감하게 버리고 보완해서 장점은 최대한 살리면서 현 시대의 시대적 상황을 반영한 제안제도, 현 시대의 언어로 새롭게 쓰여진 제안제도를 만들어 보고픈 욕심에서 이 글을 쓰게 되었다.

작가 이문열 씨는 지난 1998년에 삼국지를 평역하면서 쓴 머리말에서 "삼국지를 평역하는 이유는, 세월이 가면 똑같은 내용이라도 표현하는 방식이나 이해하는 태도가 달라진다. 이제 이 땅에서 번역되거나 재구성된 삼국지는 대개가 한 세대(世代) 가까이 오래된 것이 됐다. 삼국지가 이 이상 더 읽혀서는 안 될 책이라면 모르되, 그게 아니라면 이 작업은 이 시대의 누군가가 해야 했다."라면서 이 시대의 언어로 삼국지를 다시 써야 할 필요성을 강조했다. 제안제도도 마찬가지라고 생각된다. 제안이 국내에 소개된 이후 더러 교육용 교재로 쓰이기는 했으나, 제안에 대해서 좀더 연구하고자 하는 제안 담당자나 제안자들에게 필요한 책은 별로 없었던 점을 생각해 보면 이문열 씨 말처럼 우리가 제안활동을 더 이상 하지 않으면 모르되, 그게 아니라면 제안을 지금의 언어로 다시 써야 하는 작업 역시 누군가는 해야 한다는 생각이 든다.

이런 취지에서 미흡하지만 그 동안 월간 '제안활동'에 연재했던 사무·간접/서비스 부문 제안 활성화 원고를 비롯한 여러 기업의 제안 컨설팅 및 강의 지도 경험을 바탕으로 21세기의 언어로 재구성해서 새로운 개념의 제안제도를 탄생시켰다. 모쪼록 이 책이 제안 활성화에 노심초사하는 전국 기업의 제안 추진 사무국 담당자 여러분들에게 도움이 되기를 기대한다.

2003년 6월

이용익

감사의 말

제안 컨설팅 및 강의를 처음 시작하면서 새로운 개념의 제안제도를 소개하자 반응이 찬반으로 양분되었다. 기존 제안제도에 익숙한 사람들은 이것이 무슨 제안제도냐는 반응이었고, 기존 제안제도에 염증과 거부감을 가졌던 사람들(특히 비제조업에 근무하는 사람들)은 참신하고 고정관념이 바뀔 수 있는 좋은 제안제도라면서 격려해 주었다.

이 책에 기술된 신개념의 제안제도는 필자가 현업에서 실지로 제안제도를 적용하면서 느꼈던 문제점들을 체계적으로 정리해서 찾아낸 대안이다. 즉, 단순한 이론 제시가 아니라 기업에 적용되었던 내용들을 하나 둘 정리한 것이다. 이 때문에 많은 제안 추진자 및 사원들은 신개념의 제안제도를 이해하고 나니 속이 다 후련하다고 공감하면서 많은 지지를 보내 주었다.

결국 필자는 많은 격려를 주신 제안 추진자들 덕분에 용기를 갖고 이 책을 만들게 되었다. 필자의 강의와 지도를 받았던 모든 분들에게 우선 감사의 말을 전하고 싶다. 이분들 때문에 이 책이 나오게 된 것이다.

그중에서도 필자에게 지도를 받고 제안 활성화에 성공을 거두어 기업 사례를 싣도록 협조해 주신 극동도시가스의 구자명 사장님과 박우찬 이사님, 정성찬 부장님, KTF의 박진영 과장님과 자회사로 가신 안호경 팀장님, 삼천리의 이재호 계장님, KT의 최병만 부장님, 한국서부발전의 이영철 사장님, 권재성 팀장님, 다모넷의 방철호 팀장님에게도 감사하는 마음이다.

특히 새로운 제안제도를 과감하게 받아들여 기업에 소개해 준 한국능률협회컨설팅의 최종렬 팀장에게는 누구보다도 먼저 감사의 말을 전하고 싶다. 최 팀장이 아니었다면 '신개념의 제안제도'는 단순히 필자 개인의 보고서 수준으로 끝날 수도 있었다. 최 팀장이 많은 지원과 영업을 해준 덕분에 신개념의 제안제도가 세상에 나와 기업에 적용된 것이다.

마지막으로, 바쁜 가운데에도 이 책의 원고를 읽고 조언해 준 아내 최향숙에게 감사의 말을 전하고, 원고를 쓰는 아버지를 물끄러미 쳐다보며 열심히 공부하고 있는 아들 수용이와도 기쁨을 함께 나누고 싶다. 그리고 나에게 출판의 의지를 주신 하나님께 감사를 드린다.

차례

02 지식 정보화 시대의 신개념의 제안활동

제1장. 일과 제안활동

제2장. 제안활동의 개요

제3장. 제안의 대상

제4장. 업무제안

03 지식 정보화 시대의 신개념의 제안제도

01 기존 제안활동의 현황 및 문제점과 한계

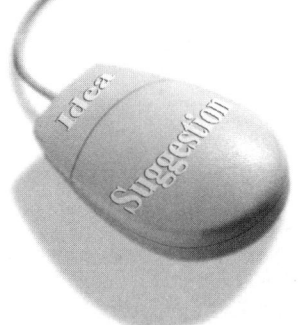

기존 제안활동의 현황

1. 국내 기업의 제안제도 모습

1) 제안제도의 종류

국내 기업들이 운영하고 있는 제안제도의 종류는 크게 아이디어제안, 실시(개선)제안, 아이디어제안과 실시제안의 혼용 등 3가지이다. 최근 지식제안이 등장하고 있기는 하지만, 구체적으로 운영되지는 못하고 그저 방향성으로만 존재하고 있다([표 1-1] 참고).

아이디어제안은 실시하기 전 상태에서 아이디어를 내어 심사해서 채택하는 경우 실시를 하고, 채택되지 않는 경우에는 단순 아이디어 제출로 끝나는 방식이다. 실시제안은 먼저 실시를 한 후 그 결과를 제안하는 방식이며, 아이디어제안과 실시제안 혼용은 이 2가지를 적절하게 혼용해서 사용하는 방식이다.

[표 1-1] 국내 기업의 제안제도 운영 형태

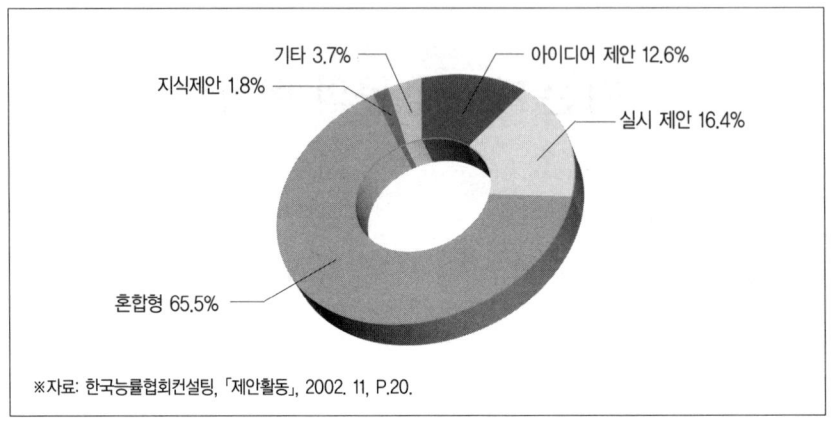

기타 3.7%
지식제안 1.8%
아이디어 제안 12.6%
실시 제안 16.4%
혼합형 65.5%

※자료: 한국능률협회컨설팅, 「제안활동」, 2002. 11, P.20.

2) 제안양식

제안을 하기 위해 사용하는 제안양식은 최근 많은 부분이 전산화되어 있어 종이에 쓰는 것과는 다소 차이가 있지만, 제안 제목 및 개선전, 개선 후, 효과 파악 등 주요 내용은 거의 유사하다([표 1-2] 참고).

3) 제안 심사 절차

제안자가 제안을 하게 되면 대체적으로 직속 상사(주로 대리급)가 1차 심사를 하고, 2차 심사는 팀장급 심사 및 심사위원회 심사의 절차로 진행된다([그림 1-1] 참고).

직속 상사의 심사는 아이디어제안인 경우 채택 여부를, 실시제안인 경우 저(低)등급의 제안에 대해 평가해 준다. 팀장 심사는 직속 상사가 담당하기에는 조금 효과가 큰 것으로, 중간 등급에 해당하는 제안을 심사하게 된다. 위원회 심사는 주로 고(高)등급에 해당하는 제안을 심사하는 데 활용되며, 관련된 여러 부서장이나 임원들이 모여 심사를 하는 방식이다.

[표 1-2] 제안양식 사례

<table>
<tr><td colspan="9" align="center">제안서</td></tr>
<tr><td>제안명</td><td colspan="8"></td></tr>
<tr><td>제안자 소속</td><td colspan="4"></td><td>제안일</td><td colspan="3"></td></tr>
<tr><td>제안 유형</td><td colspan="8"></td></tr>
<tr><td colspan="4">(개선 전)</td><td colspan="5">(개선 후)</td></tr>
<tr><td colspan="9">(효과)</td></tr>
<tr><td rowspan="2">심사 기준</td><td>경제성</td><td>파급 효과</td><td>지속성</td><td>창의성</td><td>노력도</td><td colspan="2">계</td><td>등급</td></tr>
<tr><td></td><td></td><td></td><td></td><td></td><td colspan="2"></td><td></td></tr>
<tr><td rowspan="2">검토 의견</td><td colspan="8"></td></tr>
<tr><td>검토 부서</td><td></td><td colspan="2">검토자</td><td></td><td colspan="2">검토일</td><td></td></tr>
</table>

[그림 1-1] 제안 심사 절차 사례

	제안	예비 심사 (직속 상사)	1차 심사 (팀장급)	2차 심사 (위원회)
[대상]	직원	직속 상사	팀장급	임원+팀장
[등급]	–	저등급 제안	중등급 제안	고등급 제안
[심사]	–	수시	월 1회	분기 1회

4) 제안 심사표

제안을 심사하는 기준은 아이디어제안이나 실시제안 모두 거의 심사표를 사용하고 있다. 물론 아이디어제안은 다소 간단하고 실시제안은 조금 복잡한 느낌이 있지만, 기본적으로 제안 심사의 기준으로 심사표를 사용하고 있다는 것은 공통적인 현상이다.

심사표는 평가 항목과 평가 기준 및 점수로 구성되어 있다. 평가 항목은 주로 경제성(유형 효과), 무형 효과, 창의성, 노력도, 실시 난이도, 직급, 적용 범위, 지속성 등 기업마다 몇 가지를 선택하여 사용하고 있다. 평가 기준은 각 평가 항목을 다시 구분하여 세분화시킨 것이며, 점수는 평가 기준에 따라 일정 숫자로 구분하여 나타낸다([표 1-3] 참고).

5) 제안 포상 기준

제안 상금은 1건의 제안이 제출되면 그 제안에 대해 시상을 해주는 것으로, 제안자가 가장 관심을 갖는 부분이기 때문에 기업마다 가능하면 제안자 및 실시자에게 많은 포상을 지급하고자 노력하고 있다. 제안 상금은 대부분 현금이나 현금 대용품으로 지급하고 있으며, 최근에는 마일

[표 1-3] 제안 심사표 사례

제안 심사표

항목		기준	유형 효과	무형 효과	점수
경제성	유형 효과 (40)	1. 5,000만 원 이상 2. 1,000만 원 이상~5,000만 원 미만 3. 500만 원 이상~1,000만 원 미만 4. 100만 원 이상~500만 원 미만 5. 100만 원 미만	40 30~39 20~29 10~19 0~9		
	무형 효과 (40)	1. 개선 효과가 획기적이다 2. 개선 효과기 상당히디 3. 개선 효과가 양호하다 4. 개선 효과가 보통이다 5. 개선 효과가 단순하다		40 30·39 20~29 10~19 0~9	
창의성 (20)		1. 참신한 아이디어로 뛰어난 착상을 했다 2. 매우 독창적이다 3. 모방적이지만 신규성이 있다 4. 단순 모방이다	16~20 11~15 6~10 0~5		
노력도 (10)		1. 탁월한 노력이 엿보인다 2. 상당한 노력이 엿보인다 3. 어느 정도의 노력이 엿보인다 4. 거의 노력이 엿보이지 않는다	8~10 5~7 2~4 0~1		
파급 효과 (20)		1. 전사적 파급 2. 일부 사업본부 파급 3. 팀 내 파급 4. 개인 차원의 효과	16~20 11~15 6~10 0~5		
지속성 (10)		1. 영구적 2. 3년 이상 지속 3. 1년 이상 지속 4. 1년 미만	8~10 5~7 2~4 0~1		
점수 계			0~100점		

리지를 별도로 포상하는 기업들도 있다. 제안 상금을 지급하는 기준은 역시 회사마다 차이가 있지만 공통적으로 심사표에 의한 점수에 따라 등급을 결정하고, 이 등급에 따라 시상 금액이 결정된다.

[표 1-4] 제안 등급 및 포상 기준 사례

심사 등급 및 인센티브			
평가 점수	등급	상금	비고
95점 이상	1급	100만 원	
90~95점	2급	70만 원	
80~89점	3급	50만 원	
70~79점	4급	30만 원	1. 채택 시 기념품 지급 2. 우수 제안 별도 포상 3. 우수 제안자 인사 고과 반영 4. 제안 실적 부서 평가 반영
60~69점	5급	10만 원	
50~59점	6급	1만 원	
40~49점	7급	5,000원	
30~39점	8급	2,000원	
20~29점	아이디어상	1,000원	
20점 미만	참가상	없음	

6) 제안활동 지표

제안제도의 활동 정도를 쉽게 알아볼 수 있도록 숫자로 나타낸 것이 바로 제안지표이다. 제안지표는 주로 제안된 건수와 참여 인원, 제안 효과 등을 기준으로 몇 가지 항목을 조합하여 나타낸다([표 1-5] 참고).

이 지표들은 주로 부서 간 제안활동을 평가하거나 회사의 제안활동 운영 정도를 평가하는 데 널리 사용되고 있는데, 대표적인 것이 인당

제안 건수이다. 이 제안지표 하나만 보아도 그 회사의 제안이 어떻게
운영되고 있는지 짐작할 수 있다.

[표 1-5] 제안활동 지표

구분	제안지표	내용
제안 건수	인당 제안 건수 인당 채택제안 건수 인당 실시제안 건수	제안 대상 인원 대비 제안 건수 제안 대상 인원 대비 채택제안 건수 제안 대상 인원 대비 실시 건수
활동 비율	참여율 채택률 실시율 상급 제안율 효과 가치율 그룹 제안율	제안 대상 인원 대비 참여 인원 비율 제안 건수 대비 채택 건수 비율 제안(채택) 건수 대비 실시 건수 비율 고등급 제안 건수 비율 제안 투자 금액 대비 효과 금액 비율 총 제안 건수 대비 그룹 제안 건수 비율
활동 금액	인당 상금액 인당 효과액 총 경제 효과 건당 효과액	제안 대상 인원 대비 시상금 제안 대상 인원 대비 총 경제 효과 금액 제안활동 결과의 총 경제 효과 금액 제안 건수 대비 총 경제 효과 금액

※자료: 한국능률협회컨설팅, 「제안 추진 전략 과정」, 2001.

2. 국내 기업의 제안활동 현황 및 효과

1) 국내외 기업의 제안활동 실적

① 국내 기업 실적

국내 기업들의 2001년도 기준 제안활동 내용을 살펴보면 1인당 연
평균 제안 건수가 14건 정도이고, 제안 참가율은 47% 정도, 1인당 포상
금액은 연 3만 3,000원 정도이다. 실시 1건당 제안 효과는 80만 원 정도
로, 효과 지수가 136배 이상 나고 있는 등 지표상으로 보면 제안활동이

[표 1-6] 2001년도 제안활동 실적 조사 집계 결과

항목		회답 기업 수 (사)	유자격 수 (명)	총 제안 건수 (건)	1인당 제안 건수 (건)	참가율1) (%)	채택률2) (%)	실시율3) (%)	1인당 포상 금액 (원)	제안 1건당 포상 금액 (원)	1인당 제안 예산액 (원)	실시 1건당 경제 효과 (원)	효과 지수 (배)
종합 실적	2000년	300	480,432	6,046,150	12.6	64.5	62.6	52.8	64,673	9,649	73,222	258,309	69.1
	2001년	403	349,402	4,928,917	14.1	47.4	53.1	37.5	33,589	6,469	44,061	795,860	136.3
업종별 실적	금융	5	32,934	13,946	0.4	26.6	12.8	4.3	976	2,042	3,321	5,642	–
	증권	7	5,046	3,824	0.8	20.1	23.1	6.7	10,165	13,413	10,107	394,470	–
	보험	5	12,276	14,497	1.2	33.5	14.9	6.1	4,072	3,453	4,219	62,500	–
	서비스	10	6,933	39,564	5.7	35.6	33.7	10.7	28,780	5,043	3,084	364,604	13
	공기업	28	51,682	558,022	10.8	54.1	47.8	30.5	13,053	1,208	11,021	735,822	336
	전기가스	8	2,189	1,409	0.6	38.1	48.2	29.5	12,301	19,111	24,211	909,280	597
	건설	7	5,213	12,353	2.4	43.0	64.5	58.4	14,612	6,166	14,174	43,620	6
	통신서비스	7	3,269	5,935	1.8	41.2	30.5	19.6	39,668	21,849	23,095	2,237,500	151
	음식료	40	11,352	250,107	22.0	55.4	62.9	46.9	40,232	1,826	23,483	249,792	80
	섬유의복	7	4,235	26,832	6.3	46.1	63.7	45.8	36,585	5,774	113,246	255,752	25
	종이목재	15	5,409	32,647	6.0	43.8	63.6	42.9	40,436	6,699	112,985	1,485,056	85
	화학	67	32,072	925,800	28.9	63.1	69.2	47.1	78,312	2,712	73,305	195,771	37
	의약품	6	1,391	8,499	6.1	64.8	73.7	47.1	27,207	4,452	147,194	315,134	50
	비금속광물	13	3,290	19,839	6.0	57.8	61.6	36.9	32,848	5,447	26,948	359,856	12
	철강금속	30	20,447	224,928	11.0	45.1	78.2	69.8	75,467	6,860	76,765	236,550	30
	기계	30	15,128	325,882	21.5	57.2	68.4	52.6	28,238	1,310	29,957	87,572	58
	전기전자	68	51,494	1,713,575	33.3	58.7	61.9	48.1	92,821	8,460	64,052	691,959	213
	운수장비	37	78,547	694,257	8.8	55.8	65.8	56.0	11,058	1,251	24,562	131,995	101
	기타제조	13	6,495	57,019	8.8	61.6	65.5	52.5	51,373	5,851	51,436	358,479	387

1) 참가율=제안 참가인 수÷유자격 수×100
2) 채택률=제안 참가인 수÷총 제안 건수×100
3) 실시율=실시 건수÷총 제안 건수×100

※자료: 한국능률협회컨설팅, 「제15회 한국 아이디어 경영 전국 대회」, 2002, pp.34~35.

매우 활발하게 이루어지고 있음을 알 수 있다([표 1-6] 참고).

최근 4년간 제안 실적도 전반적으로 상승하는 추세이다. 특히 2000년 이후에는 지식 정보화 시대에 걸맞게 사무·서비스 부문에서도 업무를 제안으로 인정하여 자신의 경험이나 노하우를 제안하는 지식제안의 등장으로 서비스 및 공기업들도 제안활동을 매우 활발하게 하고 있다.

[표 1-7] 지난 4년간의 제안활동 추이

항목	1998년	1999년	2000년	2001년
회답 기업(사)	164	221	340	403
총 제안 건수(건)	4,162,230	4,390,724	6,046,150	4,928,917
유자격 수(인)	409,654	368,359	480,432	349,402
1인당 제안 건수(건/인)	10.2	11.9	12.6	14.1
서비스, 공기업 등 1인당 제안 건수(건/인)	3.5	2.8	2.7	5.8

※자료: 한국능률협회컨설팅, 「한국 아이디어 경영 전국 대회(12회, 13회, 14회, 15회)」, 발표 자료 취합 수정.

② 일본 기업 실적

국내와 더불어 일본에서도 제안활동이 활발하게 전개되고 있다. 일본은 '제안에서 개선으로, 소수의 커다란 개선에서 다수의 작은 개선으로'의 경향이 정착되고 있다(월간 '제안활동' 2003년 1월호 참고).

일본의 2001년도 1인당 연간 제안 건수는 19.9건으로, 국내 기업의 2배 정도이다. 참가율과 실시율은 각각 71.6%와 89.9%로 매우 높게 나타나고 있다([표 1-8] 참고).

[표 1-8] 일본 기업의 2001년도 제안활동 실적

구분	2000년도	2001년도	판매 서비스업[1]	현업 서비스업[2]	자동차, 운송 기기, 기계 제조업	정밀, 광학, 전자, 전기 기계 제조업	전기, 가스, 열 공급, 소재 제조업	기타 제조업
응답 기업 수(사)	686	624	24	38	151	116	25	270
개선 제안 건수(건)	17,413,681	15,038,943	182,543	415,972	5,473,333	3,588,091	2,306,989	3,071,381
1인당 개선 제안 건수(건)	21.1	19.9	14.5	6.7	20.6	18.7	30.8	20.4
참가율(%)	70.4	71.6	48.7	63.1	79.9	54.2	88.6	73.3
1인당 경제 효과(엔)	387,625	414,812	104,635	198,367	437,868	430,696	785,502	259,421

1) 판매 서비스업: 의료, 교육 도소매, 금융 등
2) 현업 서비스업: 운수, 통신 등
※자료: 한국능률협회컨설팅, 「제안활동」, 2003. 1, p.83(일부).

2) 제안 추진 전략 수립

제안을 체계적으로 추진하기 위해 제안 사무국에서는 제안의 이념 및 방향, 중장기 추진 계획 등 제안에 대한 전략을 수립하여 운영하고 있다.

제안활동 추진 체계도는 제안활동의 방향과 목표, 추진 내용을 한눈에 알아볼 수 있도록 작성한 그림이다. 한국가스공사의 제안 추진 체계도를 보면 제안활동의 지향점을 3S 조직 문화 구축에 두고, 제안활동을 이를 달성하는 수단으로서 운영하고 있다([그림 1-2] 참고).

중소기업인 스마트전자의 제안 추진 체계도를 보면 제안활동을 여러 가지 경영혁신과 연계하여 Vision 2005의 달성 수단으로 활용하고 있음을 알 수 있다([그림 1-3] 참고).

3) 제안 활성화를 위한 활동

제안제도의 활성화를 위해 제안 사무국은 여러 가지 홍보 활동이나

[그림 1-2] 한국가스공사의 제안 추진 체계도

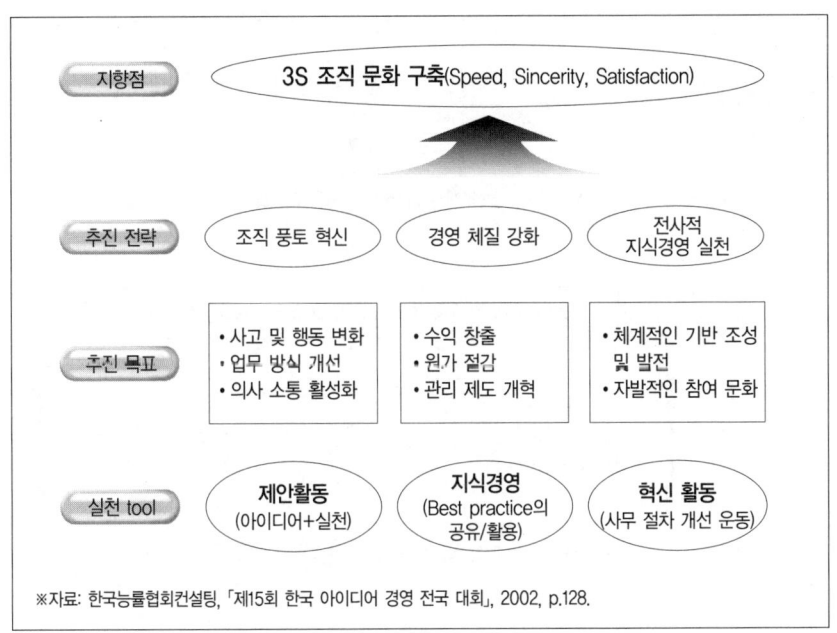

지향점   **3S 조직 문화 구축**(Speed, Sincerity, Satisfaction)

추진 전략   조직 풍토 혁신   경영 체질 강화   전사적 지식경영 실천

추진 목표
• 사고 및 행동 변화
• 업무 방식 개선
• 의사 소통 활성화

• 수익 창출
• 원가 절감
• 관리 제도 개혁

• 체계적인 기반 조성 및 발전
• 자발적인 참여 문화

실천 tool
제안활동 (아이디어+실천)
지식경영 (Best practice의 공유/활용)
혁신 활동 (사무 절차 개선 운동)

※자료: 한국능률협회컨설팅, 「제15회 한국 아이디어 경영 전국 대회」, 2002, p.128.

교육, 진흥 행사 등을 실시하고 있으며, 부서 평가에 제안 실적을 반영하기도 하는 등 제안을 통한 기업 경쟁력 향상을 이끌기 위해 부단히 노력하고 있다.

① 제안의 BSC 평가 반영

제안을 어느 정도 활성화, 안정화시킨 기업들은 제안활동 추진 내용을 임원의 BSC(Balanced Score Card; 기업의 전략을 달성하기 위해 전략 목표를 지수화한 평가 방법의 일종) 전략 목표에 반영하고 있다.

제안을 잘하는 K 기업은 임원의 목표에 고등급 제안 채택 건수가 BSC 목표로 비중이 100점 만점에 5로 되어 있다. 생산 초과율이 7, 제

[그림 1-3] 스마트전자의 제안활동 추진 체계도

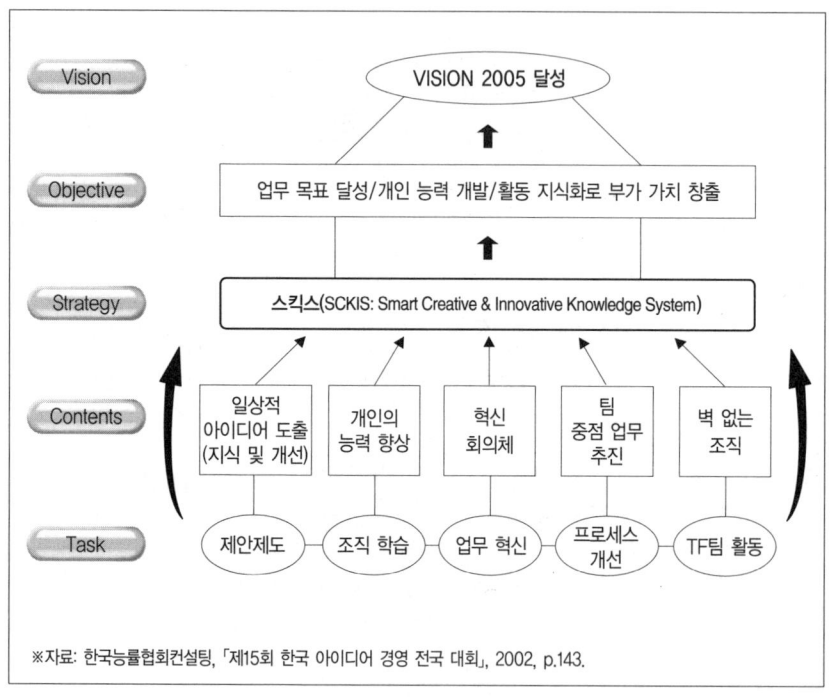

※자료: 한국능률협회컨설팅, 「제15회 한국 아이디어 경영 전국 대회」, 2002, p.143.

조 수율이 5, 설비 고장률이 5인 것에 비하면 고등급 채택 건수 5는 매우 높게 반영되었다고 할 수 있다. H 기업도 제안활동 절감액을 제안 목표에 반영하여 공장 평가를 하고 있다. 대표적인 공기업인 G 기업도 경영혁신 및 지식경영 활동이 역시 5점으로 되어 있는데, 이 항목 중에 제안 실적이 포함되어 있다.

이렇듯 최근에는 제안활동을 경영 활동의 하나로 인식하여 회사의 지표 설정 및 임원 평가, 부서 평가에 제안 목표를 지표화하여 부여하고 있으며, 제안 사무국에서는 각 팀의 제안 실적을 철저히 관리하고 있다.

② 진흥 행사

제안의 활성화를 위해 대표적으로 실시하는 것이 바로 제안 진흥 행사이다. 국내 기업들은 제안 진흥 행사를 많게는 월별로, 적게는 연 1회 정도로 꾸준히 실시하고 있다. 회사의 주 이슈가 되는 내용에 대해 사원들의 아이디어를 구하는 테마제안(일명 과제제안)의 사례가 가장 많고, 제안의 집중화를 위한 '제안 1.1.1 운동' 등과 같이 캠페인을 만들어 추진하는 경우도 있다. 포스터 및 표어, 월별 우수 제안자 포상, 제인왕 선발 시상 등으로 제안을 활성화시키는 기업도 있고, 외부 신문이나 방송 등 매스컴을 통해 제안에 대한 홍보를 하는 기업들도 있다.

KT는 KT 기업 문화 달성을 위해 월 1회 '1-in 1-out 운동', 매출 증대를 위한 '마케팅 아이디어 운동' 등을 추진하고 있고, 현장에서 개선 아이디어를 받아 즉시 처리하는 'e-KT 현장 정보화' 등을 추진하여 제안활동 활성화에 박차를 가하고 있다.

제일모직 여천 공장은 VOC 냄새 저감 아이디어 공모전이나 사원 가족의 경영 참여 이벤트 제안을 실시하여 사원 가족들의 참여도 이끌어내고 있으며, 특히 개선 사례 전시관을 운영하여 타사 방문자들의 견학 코스로 활용함으로써 제안활동의 활성화 모습을 보여 주고 있다. 웅진코웨이개발이나 KTF, 극동도시가스 등은 제안활동 사례집이나 제안 가이드북을 발간하여 전 사원에게 배포하는 방법으로 제안 활성화를 꾀하고 있다.

4) 제안활동의 꽃 '제안 명장'

제안 명장은 제조 분야에서 많이 배출되는데, 주로 그 기업의 제안왕들이 명장에 해당된다. 고졸 사원 출신으로 금호산업 상무로 승진하여

[표 1-9] 한국 제안 명인 후보자 현황

이름	회사	2001년 제안 건수	실시 건수	효과 금액/연	근무 경력
현대재	금호석유화학 울산 공장	1,352건	463건	1억 5천	17년
박두환	제일모직 여수 사업장	1,485건	1,485건	12억	16년
박복환	금호산업 타이어사업부(곡성)	10,447건	4,105건	-	9년
박순제	금호석유화학 울산 공장	976건	302건	1억 2천	10년
이규형	금호산업 타이어사업부(광주)	4,364건	1,613건	16억	24년
조규철	현대자동차 울산 공장	1,318건	1,301건	74억	14년
김용운	한국항공우주산업 사천 공장	1,205건	1,205건	2억 5천	19년
정운영	삼성테크윈 제1사업장	1,283건	1,283건	-	7년
김기준	현대자동차 울산 공장	1,048건	1,048건	5억	17년

※자료: 한국능률협회컨설팅, 「제15회 한국 아이디어 경영 전국 대회」, 2002, pp.201~311(요약).

신지식인으로 선발된 윤생진 상무도 금호산업의 타이어 사업부 제안 명장이었고, 「어머니 해냈어요」의 저자인 김규환 씨도 대우중공업의 제안 명장이었다. 「제안이 바꿔 놓은 인생」의 저자 박성수 씨 역시 삼성전기의 제안왕이었다.

이렇게 각 기업마다 제안왕 및 제안 명장들이 있는데, 아이디어 경영 대상에 응모한 제안 명장들의 면면을 보면 저마다의 노력과 성과를 엿볼 수 있다([표 1-9] 참고).

위 표에 나타난 것처럼 제안 명인들은 자기 분야에서 10~20년 가까이 근무하면서 꾸준히 개선활동을 하고 있다. 이들은 보통 연간 1,000건 이상의 제안을 하고 있으며, 심지어 1만 건이 넘게 제안하는 경우도 있다. 개선으로 인해 5억~10억 정도의 유형 효과를 창출하고 있어 이들이 기업 경영 성과 기여에 선도 역할을 담당하고 있다.

5) 제안제도 운영 효과

그 동안 꾸준히 제안활동을 한 결과 많은 기업들이 품질 향상 및 원가 절감, 생산성 향상의 효과를 얻고 있다. KT는 연간 3,100억 원의 경제 효과를 창출했고, 제일모직 여수 사업장은 150억 원, 한국가스공사는 1,700억 원, 웅진코웨이개발은 13억 원, 태평양은 53억 원 등 제안으로 인한 기업 경영 성과 기여 금액들이 매우 크다는 사실을 알 수 있다 ('2001년 아이디어 경영 전국 대회' 자료 중에서).

품질 역시 100ppm에서 이제는 6시그마까지 목표를 두고 자신 있게 품질 활동을 벌이고 있는 등 제안으로 인해 품질이 향상되었다. 국내 기업들의 제품 수준이 이제는 국제적으로도 좋은 평가를 받고 있는 것 역시 다른 무엇보다도 제안활동의 결과라고 할 수 있다.

물론 이러한 유형 효과뿐만 아니라 제안을 통한 조직 활성화, 문제의식 고취, 개선 마인드 함양, 업무 처리의 효율화, 고객 만족 등의 무형 효과도 간과할 수 없다. 이러한 유형 및 무형 효과로 인해 오래된 제도임에도 불구하고 지금도 많은 기업들이 제안제도를 받아들여 활용하고 있는 것이다.

제 2 장

기존 제안활동의 여러 가지 문제점

1. 제안제도 운영 결과에 따른 문제점

1) 제안제도 운영 자체가 목적

국내 기업에서 운영되고 있는 제안제도를 살펴보면 제안제도 자체가 목적이라는 것을 쉽게 알 수 있다. 제안의 활성화 정도를 나타내는 인당 제안 건수, 채택률, 참가율 등 회사 경영과는 무관한 제안지표가 바로 그것이다. 제안지표로 활성화 정도를 평가하다 보니 효과가 큰 제안이나 저가치의 제안이 동일한 1건으로 취급되고 있는 실정이다. 많은 제안자들 역시 제안 목표 달성을 제안의 목적으로 인식하고 있다.

또한 전사 제안 사무국은 제안제도를 운영하는 데 급급하다. 제안에 대한 사원들의 의식은 부정적이고 변화가 없는데 제안제도만 자꾸 Version-Up시킨다. 마차를 끌고 가는 소가 멈추어 버리면 왜 소가 가지 않는지를 생각해서 소가 가도록 조치를 취해야 하는데, 소는 그대로 두고 자꾸 마차만 고치고 있는 꼴이다. 그러다 보니 제안제도만 복잡해지는 결과를 부르게 되었다.

2) 시스템보다는 개인에게 의존

제안의 시작은 '나의 불편'으로부터 시작된다고 강조를 하다 보니 개인 중심으로 치중하게 되었다. 이러한 방식은 초기 제안 분위기를 조성하는 데는 적절한 방법일지 몰라도 제안활동이 발전되고 나면 고려해 보아야 한다. 제안자들도 개인 위주의 생각을 하다 보니 쉬운 것, 눈에 잘 띄는 것 위주의 제안을 하게 되어 주위 환경에 집착하게 되었다. 특히 개선의 3요소인 '없앤다', '줄인다', '바꾼다'를 강조하다 보니 개선 방식이 단순해지고, 큰 투자 없이 개선될 수 있는 것 위주로 제안을 하게 되었다. 결국 시스템이 아닌 사람에 의존하다 보니 경험이 많은 제안자들은 제안을 많이 하고, 초보자로부터는 거의 제안이 없는 상황이 되었던 것이다.

2. 제안활동의 발전 단계별 문제점

1) 제안활동의 발전 단계 구분 및 특징

제안활동을 단계별로 구분하면 [그림 1-4]와 같이 크게 초창기, 도약기, 활성화기, 안정기 등 4단계로 구분할 수 있다. 각각의 단계별 특징은 회사마다 차이는 있지만 대체로 다음과 같다.

'초창기'에는 대체로 제안제도를 처음 도입해서 적용하는 기업이 해

[그림 1-4] 제안활동의 발전 단계

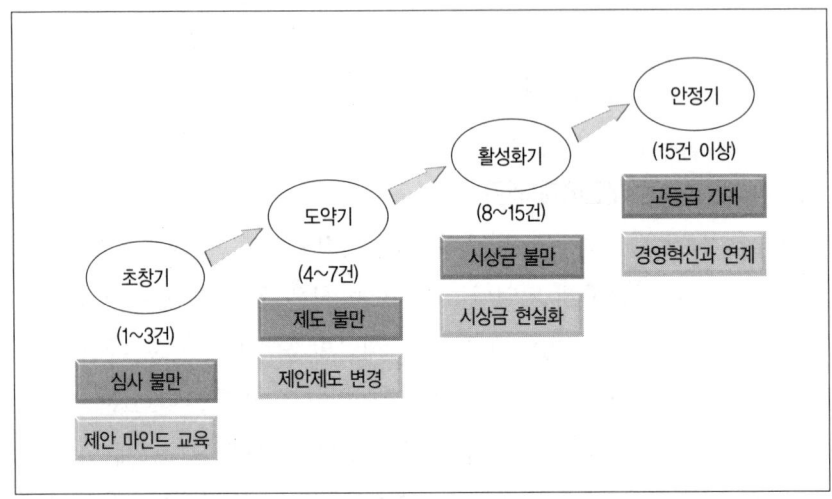

당된다. 이 단계에서는 제안 제출 건수가 1인당 연간 1~3건 미만으로, 제안을 시작한 지 보통 2년 이내인 기업들이 여기에 속한다(하지만 10년이 다 되어도 이 단계를 벗어나지 못하는 기업들도 있다). 이 시기는 제안활동이 기업 경영 활동에 크게 기여하지 못하는 초보적인 시기이며, 운영상 많은 시행착오를 거듭하게 된다.

'도약기'에는 제안의 양이 서서히 증가하는 시기로, 인당 연간 제안 건수가 보통 4~7건 정도 된다. 제안을 시작한 지 3년 정도인 기업이 해당된다. 이 시기는 초창기의 문제점을 어느 정도 극복한 상태이기 때문에 제안 건수가 서서히 증가하며, 본격적으로 제안활동이 가동된다.

'활성화기'는 제안이 폭발적으로 증가하는 시기로, 보통 인당 연간 제안 건수가 8~15건 정도 된다. 제안을 시작한 지 5~7년 정도가 되면 대체로 이 시기에 도달하게 된다. 제안이 활성화되어 조직 곳곳에서 제안으로 인한 효과가 나타나는 시기이기 때문에 제안 추진 사무국에서도 가장 좋아하는 시기이며, 자신감이 충만한 시기이다.

'안정기'에는 인당 제안 건수가 연간 15건 이상 된다. 제안활동을 시작한 지 10여 년 정도 되는 기업이 이 시기에 해당된다. 제안활동이 일상화되고 제안을 통한 기업 경쟁력이 향상되므로 회사 측에서도 제안 추진에 큰 심혈을 기울이게 되고, 제안이 일상화되어 사원들이 제안활동에 강한 자부심을 가지는 시기이다.

2) 발전 단계별 대표적인 문제점

① 초창기의 문제점

제안활동 초창기에는 제안자와 심사자 모두 불만을 갖게 된다. 제안자는 심사 내용에 대해 심사자에게 불만이 있고, 심사자는 제안 내용에 대해 제안자에게 불만을 많이 가지고 있다.

• 제안자의 불만

심사자에 대한 제안자들의 대표적인 불만은 자신의 제안을 인정해 주지 않는다는 점이다. 회사에서 제안제도를 도입하면 제안자들은 호기심 반, 강제 반으로 참여해 제안을 제출하게 된다. 하지만 제안에 대한 평가를 받아 보면 대부분 채택되지 않거나 노력한 만큼 심사에 반영되지 않아 저등급의 심사 결과를 받게 된다. 회사에서 하라고 해서 한 제안인데 이런 결과를 얻게 되니 제안자들은 자신의 제안을 제대로 평가해 주지 않고 낮게 심사해 주는 심사자들에게 불만을 갖게 된다. '내 아이디어는 굉장히 좋다고 생각되고, 이 아이디어대로 반드시 개선되어야 하는데 왜 채택되지 않는가?'에서부터 '채택하지 않을 거라면 왜 제안제도를 만들었는가?' 등 여러 가지 불만이 나타난다. 그중 대표적인 불만이 '왜 내 제안을 제대로 평가해 주지 않는가?'이다. 제안자는 심지어 심사자의 업무 처리 능력을 의심할 정도에까지 이르게 되며, 극단적으로 제안이 활성화되지 않는 원인 및 책임이 심사자들에게 있다고 생각한다.

• 심사자의 불만

제안자에 대한 심사자들의 대표적인 불만은 제안 내용의 질이 너무 낮다는 점이다. 심사자들은 이미 회사 경험이나 경력이 풍부하기 때문에 제안에 대해서도 자기 수준에 맞추어 큰 기대를 한다. 그런데 막상 제안 내용을 받아 보면 한심하기가 그지없다. 내용이 모호해 무얼 하자는 것인지, 구체적인 개선 아이디어가 무엇인지 등등 도무지 이해가 가지 않는 것들이 많다. 이렇듯 전혀 가치가 없는 제안들만 올라오니 심사에 들이는 시간이 아깝다는 생각이 들 수밖에 없다. 심사자들은 제안자에게 제안을 잘 써 달라고 요구하면서 제안이 활성화되지 않는 책임을 제안자에게서 찾고 있는 것이다.

• 문제 발생 원인

초창기의 이러한 불만은 대부분 제안에 대한 개념이나 제안서 작성 방법, 제안 심사 방법 등 충분한 교육 없이 무조건 타사의 제안제도를 도입해서 추진하기 때문에 발생한다. 제안자 및 심사자들의 이해 부족과 더불어 공감대 형성이 이루어지지 않아 제안의 질과 심사의 질이 떨어질 수밖에 없는 것이다. 따라서 이 시기에는 많은 기업들이 제안 제출 방법이나 심사 방법 등 제안자 교육이나 심사자 교육을 하게 된다.

② 도약기의 문제점

교육을 통해 제안제도 공감대를 형성함으로써 초창기에 나타난 문제점들을 극복하면 제안자와 심사자의 불만은 감소하면서 제안 건수는 서서히 증가하기 시작한다.

이 도약기가 되면 초창기에는 나오지 않았던 제안제도 자체에 대한 불만들이 터져 나온다. 즉, 이제 제안 방법과 심사 방법을 알게 되어 이를 제대로 적용해 보려 하는데, 제안제도가 여러 가지로 발목을 잡고 있다는 것이다. 제안 처리 프로세스가 너무 복잡하다거나, 심사표가 너무 복잡하고 애매모호하다거나, 유형 효과 산출이 너무 어렵다거나, 어느 부분까지 제안이 가능한지 알 수 없다거나 하는 식으로 제안활동에 대한 실질적인 문제점들이 제기된다.

이 시기의 문제점은 제안 추진 사무국에서 지나치게 제안제도에 의존하여 제안활동을 추진하기 때문에 나타난다. 대부분의 기업들이 자사 업종의 특성을 고려하지 않고 무조건 타사 제도를 벤치마킹해서 사용하기 때문에 이런 현상이 나타나는 것이다. 따라서 이 시기에는 많은 기업들이 자사 특성에 맞도록 제안제도 수정 작업에 매달리게 되며, 실지로 해마다 제안제도를 Version-Up시키는 기업들이 도약기에 해당하는 기업들이다.

③ 활성화기의 문제점

제안제도를 자사 업종 특성에 맞게 현실적으로 개정해서 적용하고 제안 교육을 시키다 보면 제안 건수가 급속하게 증가하면서 활성화 단계에 들어서게 된다. 시상금이나 인센티브에 대한 불만이 가장 많이 나오는 시기이다.

기업에서 제안 지도를 하면서 사원 면담을 해보면 초창기에는 이러한 불만은 거의 나타나지 않는다. 그러나 제안이 활성화된 기업에서는 시상금 및 인센티브에 대한 불만이나 요구가 많다. 즉, 제안 건수 증가에 비해 실질적으로 자신에게 돌아오는 혜택은 별로 없다는 것이다.

이 시기의 문제점은 제안 증가에 따른 유형 및 무형의 효과 증대는 고려하지 않고 시상금이 많이 지출된다는 것을 문제 삼아 시상금을 줄이려는 회사 측의 무언의 압력과, 스스로 알아서 시상금을 줄이려는 전사 제안 사무국의 잘못된 제안 정책으로 인해 나타난다.

따라서 기업들은 이 시기에 시상금에 대한 상향 조정과 더불어 제안왕 및 우수 제안자들에게 포상금을 확대 지급하고, 부부 동반 해외 연수 등 인센티브 강화 정책을 쓰게 된다.

④ 안정기의 문제점

초창기에 제안제도를 도입해서 교육과 제도 변경, 시상금 상향 조정 등을 거치면 제안활동은 이제 안정기에 들어서게 된다. 이 시기에는 언뜻 보면 별 문제가 없어 보이지만 나름대로의 문제점들이 나타난다.

이 시기에는 초창기와 도약기, 활성화기의 문제점보다는 주로 고등급에 대한 기대 욕구, 제안활동과 타 경영혁신활동 간의 중복 문제점을 지적한다. 제안활동이 거의 일상화되어 제안 건수가 날로 증가하는 시기가 바로 안정기인데, 심사자들과 회사에서는 건수는 많은데 기여도가 다소 부족하지 않느냐는 지적과 아울러 양보다는 질에 우선하자는 요구를 하게 된다. 또한 제안활동이 잘되다 보니 타 경영혁신활동(예를 들면 TPM, QC, 6시그마, 지식 창출, 업무 혁신 등)과 제안의 관계를 정립해 달라고 한다. 이들의 활동과 제안활동이 중복되고 서로 비슷해서 혼란스럽다는 것이다.

이 시기의 문제점은 어쩌면 당연한 것일 수도 있다. 처음에 제안제도를 도입할 때 제안의 필요성 및 위상을 제대로 정립해야 하는데, 무조건 도입하다 보니 타 부문의 경영혁신활동과 중복되는 부분이 발생하는 것이다.

따라서 이 시기에는 고등급 위주의 제안 정책을 사용하게 되며, 제안활동과 경영혁신 과제를 연계해서 TPM과 제안활동, 지식경영과 제안활동 등을 연계시키는 노력을 하게 된다.

3. 제안 마인드에 대한 문제점

1) 이삭줍기가 끝나면 제안할 것이 없다?

제안제도를 도입하는 기업들은 대부분 초창기에는 아이디어제안으로 시작한다. 아이디어제안은 말 그대로 무엇이든 좋은 생각(아이디어)을 제안하면 회사가 이를 채택해서 반영하겠다는 제도이다.

제안 초창기, 즉 아이디어제안이 시작되면 대부분 평소 회사에 대해 가지고 있던 불만과 기본적인 내용들이 제안으로 포장되어 쏟아져 나온다. 사실 회사 생활을 하다 보면 불만과 아쉬움이 무수히 많은데, 이러한 것들이 제안으로 나타나게 되므로 이삭줍기식의 제안이 많이 나오게 되어 이 시기에는 제안이 제법 많다.

그러나 평소의 불만이나 눈에 띄는 것들을 제안하고 난 후에는 더 이상 제안할 것이 없어지고, 좋은 아이디어를 발굴하고자 노력하지도 않게 된다. 게다가 제안자에게 제안 교육도 변변히 시키지 못해 이러한 현상은 더욱 심해진다.

처음부터 제안자 교육을 철저히 한 기업은 제안에 대한 깊은 이해로 제안자들의 제안 접근이 용이해지고 노력에 따라 훌륭한 제안 소재를 발굴하게 된다. 하지만 대부분의 기업들은 제안 교육도 없이 무턱대고 제안만을 요구하는 식이기 때문에 제안을 어떻게 해야 하는지를 모르고 있어 눈에 띄는 것 이상은 찾아내지 못하고 있다.

2) 안정기에는 더 이상 개선할 것이 없다?

제안할 것이 없다는 말은 초창기뿐만 아니라 의외로 안정기에서도 많이 듣게 된다. 정확히 말하자면 제안할 것이 없는 것이 아니라 '더 이상' 제안할 것이 없다고 해야 할 것이다.

제안활동이 안정기에 들어선 기업들은 개선할 것은 거의 다 했기 때문에 이제 더 이상은 할 것이 없다고 한다. 제안을 잘하는 큰 기업들은 연간 10만 건 이상씩 몇 년 동안 계속해 오고 있으니 얼마나 많은 부분이 개선되었겠는가? 제조 공장에서는 특히 더 그렇다. 공장의 많은 부분이 자동화, 전산화되어 사람 손을 필요로 하지 않으므로 아무리 생각해도 이제는 제안할 것이 없다는 것이다.

3) 개선은 하되 제안은 하지 않는다?

제안은 '나를 위한 활동'이라고들 한다. 그래서 자신이 하는 일을 우선적으로 개선하라고 한다. 그런데도 자신의 업무 개선을 제안하는 경우는 흔치 않다. 자신이 담당하는 기계, 자신이 담당하는 공정, 정해진 프로세스에서 자신이 담당하는 일에 대해서는 많은 개선 사례가 나오지만, 정작 자신의 업무 방식에 대한 제안은 별로 없다. 왜 그럴까? 제안은 자신이 편해지기 위한, 자신을 위한 활동이라면서 왜 자신의 일을 개선하지 않을까? 정말 제안할 것이 없는 걸까? 아닐 것이다. 살펴보면 개선할 부분이 많고, 실제로 많이 개선하고 있을 것이다. 엄밀히 말하자면 개선을 하지 않는 것이 아니라 개선은 하되 제안은 하지 않는다고 해야 할 것이다.

그렇다면 왜 자신의 업무를 개선하고도 제안은 하지 않는 것일까? 바로 개선이 주는 문제점 때문이다. 개선이란 나쁜 것, 잘못된 것을 찾아 고쳐서 좋게 만드는 것으로 알려져 있다. 즉, 개선을 하기 위해서는 잘못된 것을 찾아야 하고, 그 원인을 파악하여 고쳐야 한다. 이를 '개선활동'을 했다고 표현한다. 개선을 했다는 것은 잘못된 것을 고쳤다는 좋은 의미이다.

그런데 이 말을 자신에게 적용시키면 의미는 달라진다. 즉, 자신의 업무를 개선했다는 것은 지금까지 자신이 잘못하고 있던 부분을 고쳤다는 의미가 된다. 과연 자신이 잘못한 부분을 드러내어 제안서에 기록할 사람이 몇이나 될까? 타인의 업무나 기계 및 장비들은 개선하는 즉시 제안서에 자랑스럽게 작성하는데, 자신의 업무에 관해서는 그렇지 못하다. 실패 사례를 모아 놓으면 아주 유용하게 활용될 수 있다는 것을 알면서도 그러지 못하는 이유도 바로 이 때문이다. 자신의 약점이나 잘못이 드러나는 것을 꺼리는 것이다.

4. 제안지표에 대한 문제점

1) 지표는 회사의 모습을 나타낸다

일반적으로 회사에서 사용하는 지표란 업무 목표 및 실적에 대한 내용을 함축하여 수치화한 것으로, 여러 가지 의미를 전달한다. 인당 생산성, 인당 매출액, 시장 점유율 등의 지표만 보아도 회사의 경영 상태를 바로 알 수 있는 것도 이런 이유에서이다. 그래서 회사를 평가할 때는 많은 지표를 사용하여 회사의 현황을 파악한다.

2) 회사 경영 상태와 무관한 제안지표

그런데 제안지표는 어떤가? 지표로 관리되는 대표적인 것이 인당 제안 건수, 실시율, 참여율 등이다. 하지만 제안지표를 보면 회사의 경영 상태를 쉽게 알 수 있는가? 인당 제안 건수가 많다고 회사의 경영 상태가 좋아지는가? 참여율이 높다고 회사가 좋아지는가? 물론 인당 제안 건수나 참여율이 높은 것이 낮은 것보다는 좋다. 하지만 이것이 무슨 의미가 있는가? 그저 단순히 제안을 많이 하고, 제안자가 많다는 것 외에는 아무 의미가 없다. 때로는 좋은 제안 한두 건으로도 얼마든지 회사 목표를 달성할 수 있다. 인당 제안 건수, 채택률, 실시율, 참가율 등의 제안지표는 회사의 방향, 회사 경영 및 목표와는 별개로 관리되고 있음을 알 수 있다. 제안지표만을 강조하다 보니 제안자들은 목표 건수를 채우기 위해 안달을 하고, 등급보다는 우선 제안지표를 달성하기 위해 심혈을 기울이게 되는 것이다.

5. 제안양식 및 산출 근거 작성에 대한 문제점

1) 개선 전후를 비교하는 제안양식

국내 기업에서 사용하는 제안양식은 하나같이 개선 전, 개선 후, 효과 등 3가지로 구성되어 있다. 따라서 모든 제안은 개선 전과 개선 후를 비교해서 무엇이 달라지고 무엇이 편해졌는가를 적도록 되어 있다. 하지만 과연 모든 것에 대해 이렇게 할 수 있을까? 예를 들어, 팀의 조직 활성화를 위해 매월 집들이 행사를 갖자는 개선안이 나왔다고 하자. 실지로 집들이 행사를 매월 진행한 다음에 개선제안을 쓸 경우, '개선 후'에는 집들이 행사를 적으면 되지만 '개선 전'에는 뭐라고 해야 하는 가? 개선 전에 조직이 활성화되지 않았다고 써야 할까, 아니면 집들이를 가지 않았다고 써야 할까? 다소 헷갈리는 부분이다.

사무 간접·서비스 부문의 제안 내용을 읽어 보면 개선 전이나 개선 후, 효과란에 적힌 내용들이 거의 비슷함을 많이 볼 수 있다. 개선 전은 없고 개선 후의 모습만 있는 제안도 있는데 제안양식이 개선 전후를 작성하도록 되어 있기 때문에 억지로 말을 만든 결과이다. 이제 제안양식도 업무 특성에 따라 달리 만들어져야 한다.

2) 검증을 할 수 없는 산출 근거 작성

제안양식을 보면 기대 효과 또는 효과를 산출하는 칸이 있는데, 무형이든 유형이든 효과에 대해 개선 전후를 비교해서 작성하도록 되어 있다.

효과 작성은 그 제안이 회사에 어느 정도나 기여하며, 얼마나 가치 있는 제안인지를 나타내기 위해 실제 또는 예측해서 작성을 한다. 그런 데 문제는 성의껏 작성한 산출 근거에 대해 제안 사무국은 물론 누구하나 정확하게 검증할 수 없다는 것이다. 제안 사무국에서는 효과를 구체적으로 자세히 작성하도록 요구하지만 효과를 검증할 방법이 없다는 것은 모순이 아닐 수 없다.

제안 사무국에서는 효과를 하나라도 더 검증하기 위해 산출 근거를

[표 1-10] 유형 효과 산출 근거 공식 사례(일부)

부문	산출 공식
품질 향상	• 월 생산량 $\times \dfrac{(\text{개선 전 불량률}-\text{개선 후 불량률})}{100} \times$ 단위 생산 시간(초) $\times$ 초당 임률 $\times$ 연간 $=$ 효과 • 월 생산량 $\times \dfrac{(\text{개선 전 불량률}-\text{개선 후 불량률})}{100} \times \left(\dfrac{\text{폐기 불량률}}{100}\right) \times$ 개당 손익 금액(자재비) $\times$ 연간 $=$ 효과
생산성 향상	• 생산 속도 향상치 $\times$ 60분 $\times$ 계획 가동 시간 $\times$ 양품률 제조 원가 • 월 절감 시간(개선 전$-$개선 후 작업 시간) $\times$ 월 생산량 $\times$ 시간당 인건비 $\times$ 12개월
재료비 절감	• 실제 개선된 원부자재량(개선전량$-$개선후량) $\times$ 단위당 단가 $\times$ 12개월

끊임없이 세분화시켜 복잡하게 하고, 수학적인 방법을 동원하여 체계화시킨다([표 1-10] 참고).

사실 경제 효과를 정확히 산정하려면 전후좌우의 공정에 대한 영향과 일정한 시기가 지나 봐야 하는 시간적인 제약 등 여러 가지 요소들을 감안해서 산출을 해야 하는데, 이렇게 입체적으로 판단해서 산출 근거를 작성하기란 여간 어려운 일이 아니다. 더구나 제안자 입장에서는 산출 근거 공식이 복잡하고 세분화될수록 그만큼 제안이 어렵다고 느끼게 된다. 특히 산출 근거를 만들 가치가 없는 제안을 제출하는 사람일수록 더욱 그렇다.

산출 근거만을 생각해 보면 제안자는 도대체 무엇을 위해 제안을 하는가에 대한 의문을 갖게 된다. 제안을 해서 개선을 하고, 개선된 결과가 업무에 도움을 주면 됐지 또 이것을 숫자로 가시화시키라고 하니 부담을 가질 수밖에 없다. 하지만 부담이 되더라도 효과를 수치화해야 시상금을 받을 수 있으므로 억지로라도 산출 근거를 만들게 된다. 이 때문에 제안은 쉬운데 산출 근거 작성이 어렵다는 불만을 토로하게 되는 것이다(산출 근거 만들기가 싫어서 제안을 하지 않는 사람도 있을 정도이다).

결국 정확한 경제 효과를 산출하기가 매우 어렵다는 뜻이며, 또한 경영의 복잡성 때문에 정확한 검증도 할 수 없다는 얘기이다. 검증할 수 없는 산출 근거란 있으나마나 하다. 효과를 검증하지 못할 바에는 차라리 효과 산출 부분을 줄여서라도 제안자에게 부담을 주지 않는 것이 현명한 방법이 아닐까 한다.

6. 제안 심사 항목에 대한 문제점

1) 심사표에 대한 문제

대부분의 기업이 운영하고 있는 제안 심사 구조는 매우 복잡하지만 체계적으로 잘 되어 있다. 업종에 관계없이 도입하여 운영하고 있는 제안 심사표는 제출된 제안 내용을 가장 객관적인 입장에서 평가하기 위하여 창의성, 실현성, 노력도, 파급성, 지속성 등 여러 가지 평가 항목에 따라 점수로 산출하도록 되어 있고, 점수에 따라 등급을 매기고 포상을 하는 식으로 구성되어 있다.

제안 심사표를 보면 매우 객관적인 평가 방법처럼 보이지만 실은 그렇지가 않다. 심사표의 점수는 사실 심사자의 주관을 단순하게 숫자화한 것에 불과하다. 즉, 심사 항목 중에는 심사자에 따라서 '귀에 걸면 귀걸이, 코에 걸면 코걸이' 식이 되는 항목이 많다. 예를 들면, 창의성이나 노력도 등은 객관화가 매우 어렵고 기준도 애매모호하다. '참신한 아이디어', '독창성이 뛰어나고', '많은 노력', '상당히 노력' 등 도대체 무슨 기준으로 이것들을 구분할 것인가? 객관적으로 평가하기에는 용어가 지나치게 애매모호하다.

이렇게 심사자의 주관에 의해 평가되는 점수에 따라 시상금이 몇 천 원, 몇 만 원, 심지어 몇 십만 원까지 차이가 나서 제안자의 희비가 엇갈리게 된다. 예를 들어, 60점이 넘으면 10만 원이고 60점 미만은 5만 원이라고 할 때, 불과 1점 차이로 인해 시상금은 5만 원의 차이가 생긴다. 이 차이에 대한 근거를 명쾌하게 설명할 수 있는 심사자는 한 명도 없을 것이다.

2) 저가치 제안도 일일이 심사표로 심사

제안 프로세스에서 병목 현상이 발생하는 곳이 바로 심사 단계이다. 심사자가 회사 일로 바빠서 심사가 밀리는 것이다. 심사자 입장에서 본다면 정말 회사 일 때문에 바빠서 심사를 못해 주었는데 제안 프로세스에 병목 현상의 요인이 된다니 억울할 수밖에 없다.

제안을 심사하는 심사자는 대부분 조직의 핵심으로 반장, 과장, 부서장 등 주로 '長' 자 붙은 사람이다. 공교롭게도 이러한 사람들은 회의 참석하랴, 실적 챙기랴, 상사에게 결과 보고하랴 등 다른 사람보다 몇 배 더 바쁘다. 이렇게 바쁜 심사자에게 몇 십 건씩 되는 제안을 애매모호하고 수많은 항목의 심사표로 일일이 심사하라고 하는 건 무리이다. 심사를 할 만한 가치가 있는 것이라면 몰라도 제안 건수를 채우기 위해 어쩔 수 없이 올라온 제안까지도 심사표를 적용해 점수를 산출해야 한다는 것은 회사 차원에서 본다면 고급 인원이 저가치 제안 심사에 시간을 투자하는 것이 되므로 낭비가 아닐 수 없다. 이 때문에 제안 점수 50점 이상은 '채택', 그 미만은 '불채택'이라고 했을 때, 어떤 심사자는 도저히 채택될 수 없는 제안의 점수 산출에 51점이 나오게 되면 이를 불채택시키기 위해 49점으로 고치는 웃지 못할 사례가 발생하기도 한다. 심사표가 심사자의 여건을 전혀 고려하지 않고 제안 내용에 대한 절대적인 평가를 목적으로 만들어졌기 때문에 제안 활성화에 지장을 주고 있는 것이다.

제3장

기존 제안활동의 한계

1. 시대에 뒤진 제안제도

1) 지식 정보화 시대 도래

21세기에 들어선 오늘날의 경영 환경은 매우 빠르게 변화하고 있다. 제1의 물결인 농업 혁명과 제2의 물결인 산업 혁명을 거쳐 지금은 제3의 물결인 지식 정보화 시대이며, 인터넷을 기반으로 하는 디지털 시대이다.

〈세계 혁명의 3대 물결〉
• 제1의 물결: 농업 혁명(B.C. 7,000년 경)
• 제2의 물결: 산업 혁명(17~18세기)
• 제3의 물결: 디지털 · 지식 혁명(20세기 후반)

또한 지금은 스피드 시대, 서비스 향상 및 고객 만족의 시대, 무형의
가치를 중시하는 시대, 창의력 시대, 인터넷 시대, 사이버 시대 등 모든
것이 빠르게 바뀌고 변화하는 격변의 시대이다. 현대의 3년이 산업화
시대의 300년과 맞먹을 정도로 급격한 변화의 물결이 소용돌이치고 있
다. 휴대폰은 3개월마다 모델이 바뀌고 있으며, 경기 순환 주기도 저점
에서 정점으로 가는 데 10개월 정도 줄었다. 이는 인터넷이라는 강력한
IT가 있기에 가능하다. 지금은 지식과 정보를 활용해서 빨리 결정을 내
려야 경쟁에서 살아남을 수 있다.

2) 제안제도는 산업화 시대의 산물

국내에 제안제도가 도입되어 활성화된 시기는 대략 1970년~1980년
대이다([표 1-11] 참고). 새마을 운동과 함께 산업화, 공업화 기운이 넘

[표 1-11] 제안제도의 도입 시기

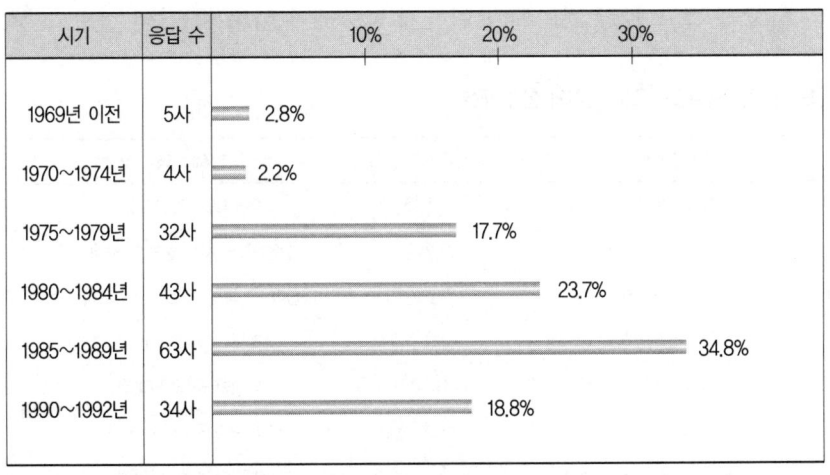

시기	응답 수	10%	20%	30%	
1969년 이전	5사	2.8%			
1970~1974년	4사	2.2%			
1975~1979년	32사		17.7%		
1980~1984년	43사		23.7%		
1985~1989년	63사				34.8%
1990~1992년	34사		18.8%		

※자료: 한국능률협회컨설팅, 「제안 추진자 과정」, 2001.

쳐나는 시대였다. 생산 현장에서는 근로 역군들이 밤새워 물건을 만들었고, 물건을 만들기만 하면 팔리던 시기였다. 누가 가장 싸게, 가장 좋은 품질의 물건을 만드는가가 기업 경쟁력의 핵심이었던 이 시기에 제안제도가 도입되었다.

이 시기는 IT의 수준이 OA 수준 정도로 전산화가 거의 이루어지지 않았던 시대였으며, 인터넷이나 디지털이라는 용어가 어울리지 않는 시대였다. 또한 기업이 환경 변화에 지금처럼 예민하게 반응하지 않았으며, 모든 행동 양식이나 사고가 획일적이고 표준화를 중시하던 시대였다.

그러나 지금은 어떤가? 산업화, 정보화 시대를 지나 지식 사회, 디지털 시대에 돌입했다. 기업의 중심도 원가와 품질을 지나 고객 만족과 지식으로 바뀌었고, 인터넷의 발달로 IT의 활용이 전 산업 부문에 적용되어 B2B(Business to Business: 기업간 상거래), B2C(Business to Customer: 기업과 개인 간 상거래)까지 할 수 있을 정도가 되었다. 기업의 사활을 걸고 환경 변화에 예민하게 반응해야 하며, 사람의 사고도 창

[표 1-12] 제안제도 도입 시기와 현재 구분

제안제도 시대	구분	현재 시대
1960~1970년대(20세기)	시대	2000년대(21세기)
산업화 시대	환경	산업화 → 지식 정보화 시대
원가 → 품질	기업 전략	원가 → 품질 → 고객 → 지식
제조(공장)	산업 중심	서비스 / 제조+서비스
IT 영향 미미(OA 수준)	IT 영향	IT 영향 극대(인터넷)
환경 변화에 둔한 대응	변화 대응	환경 변화에 신속한 대응
획일화, 표준화, 강제적	자기 표현	창의성, 개성, 다양성

의성, 개성, 다양화가 주종을 이루는 시대가 된 것이다([표 1-12] 참고).

3) 진화가 멈춘 제안제도

제도라는 것은 시대 변화나 경영 환경 변화에 맞추어 계속 변하고 적응해야 한다. 이 변화에 적응하지 못하는 제도는 적자생존의 법칙에 따라 도태될 수밖에 없다. 국내 기업의 인사 제도에 있어서도 과거에는 직급이 같으면 동일한 월급을 받았지만, 지금은 연봉제니 성과급제니 하여 입사 동기들끼리도 급여나 직급 등 모든 것이 달라진다. 인사 제도도 경영 환경에 적응하고 있다는 증거이다.

그러나 제안제도는 30년이 지난 지금도 전혀 바뀌지 않고 산업화 시대의 형태 그대로를 유지하고 있다. 원가와 품질 강조, 1차, 2차, 3차 심사 등의 직렬식 제안 프로세스, 애매모호한 용어로 가득 찬 심사표, 무형 효과보다는 유형 효과를 중시하는 분위기, 복잡한 포상 등급, 개선 전후 및 효과 산출로 구분된 제안양식 등 모든 것들이 도입 초기 그대로이다. 오랫동안 변하지 않았다면 그만큼 완벽하고 좋은 제도이겠지만, 괴어 있는 물은 썩기 마련이어서 변화가 없는 제도는 바람직하지 못하다고 할 수 있다.

2. 공장 중심의 제안제도

1) 동일한 제도인데 제조 공장에서만 활성화된다

국내 기업에 도입된 제안제도는 대부분 제조업 중심으로 되어 있다. 유형 효과와 원가 절감 및 불량률 감소를 통한 품질 향상 강조, 물건을 보고 가격을 매기는 식의 제안 심사표 등이 그것이다. 이렇듯 제안제도 가 제조업 중심으로 운영되다 보니 제조업은 활성화되고 비제조업은 활성화되지 못한 것은 당연한 결과였다.

[표 1-13] 업종별 제안 실적 현황(한국과 일본의 비교)

구분	한국(2001년)	일본(2001년)
제조(전자, 기계 등)	33.3건/인	20.6건/인
서비스	5.7건/인	6.7건/인

최근에는 제안 전국 대회(아이디어 경영 대상)에서 서비스업이나 공 기업들도 3년 연속 수상하고 있지만, 대체로 역대 3연속 대상을 수상한 기업들은 대부분 제조업체이다([표 1-14] 참고).

동일한 제안제도인데 왜 제조업에서는 활성화되고 비제조업인 사무 간접·서비스 부문은 활성화되지 않는 것일까? 이는 제안제도가 사무 간접·서비스 부문에는 맞지 않기 때문이다.

[표 1-14] 한국 제안·소집단 활동 전국 대회 3년 연속 수상 업체 현황

연도	3년 연속 수상 업체	비고
1994년(7회)	현대자동차	제조업
1997년(10회)	삼성전관(현 삼성 SDI) 부산 공장	제조업
1998년(11회)	삼성데이터시스템(현 삼성 SDS)	서비스업
1999년(12회)	삼성코닝 수원 사업장	제조업
2000년(13회)	삼성항공(현 한국항공우주산업)	제조업
2002년(15회)	한국통신(현 KT) 제일모직 여수 사업장	공기업 제조업

※자료: 한국능률협회컨설팅, 「아이디어 경영 대회」 참고 자료, 2002.

2) 제안의 주 대상이 제품을 대상으로 한 품질 향상

제안으로 인한 효과가 나타나는 부분은 원가 절감, 생산성 향상, 품질 향상 등 주로 제조 공장의 제품에 대한 내용들이다. 그래서 이 효과 때문에 서비스나 고객 만족을 중히 여기는 비제조업체는 제안의 효과를 보지 못했다. 서비스 향상이나 고객 만족보다는 품질 향상이 우선이기 때문이다. 제안 규정에 나타난 주요 대상도 불량률 감소, 생산 리드 타임 단축, 제품의 품질 향상, 원가 절감, 공정 개선 등 대부분 제품 및 품질에 대한 내용들이 우선적이고 고객 만족이나 능력 향상, 조직 활성화는 뒤쳐져 있는 것이 현실이다.

3) 개선은 눈에 보이는 것을 대상으로

개선의 의미는 '잘못된 것을 고쳐 잘되게 함'이다. 눈, 코, 귀, 입, 촉감 등 오감을 이용하여 관찰한 후 잘못된 점을 찾아 현재보다 나은 방법으로 고쳐 잘되게 하는 것이 개선이다.

〈개선의 의미〉
- 잘못됨 → 눈으로 관찰(대상 존재)
- 고치어 → 현재의 것보다 낫게(bad→good)
- 잘 되게 함 → 좋게 됨

제안에서의 개선의 의미는 하지 않아도 될 일을 열심히 하고 있는 상황을 추방함으로써 그 일에서 해방되고자 하는 것이다. 따라서 개선은 찾는 것에서부터 시작되며, 찾는다는 것은 대상이 존재함을 의미한다. 제안을 잘하기 위해서는 여기저기 돌아다니며 개선할 점(하지 않아도 될 일, 불편한 것, 부자연스러운 것, 부적절한 것, 반복적인 것, 비효율적인 것 등)을 찾는 것이 매우 중요하다. 최고의 제안은 '있는 것을 없애는 것(삼성코닝, '제안활동의 모든 것', 1999)'이라고 할 정도로 개선은 현재 눈에 보이는 것을 대상으로 한다.

제조 공장은 설비 장치 및 제품의 제작 과정이 눈에 보여 대상이 존재하므로 눈으로 관찰해서 개선할 것이 아주 많다. 물론 요즘에는 공장도 많은 부분이 자동화되어 과거보다는 적지만 그래도 본사 사무실보다는 제안 거리가 많다. 그러나 설비 장치 없이 사무실에서 책상과 PC로 업무를 처리하는 사무·간접 부문과, 오로지 사람에게만 의존하는 서비스업은 찾아서 개선할 것이 거의 없는 실정이다. 눈에 보이는 대상이 없기 때문이다.

3. 프로크루스테스의 침대 현상

1) 프로크루스테스의 침대란?

그리스·로마 신화를 보면 '프로크루스테스의 침대(Procrustes Bed)'라는 이야기가 나온다. 프로쿠르스테스는 자신의 집에 철제 침대를 만들어 놓고 나그네가 묵기를 청할 때 침대보다 키가 크면 신체의 일부분을 자르고 침대보다 작으면 몸을 늘려 침대 크기에 꼭 맞아야만 잠을 재우는 괴물이다. 전혀 맞지 않는 물건을 늘리거나 줄여서 어떤 모델이나 사상에 억지로 맞추려는 것을 이 이야기에 비유할 수 있는데, 부작용이 날 수밖에 없는 행동이다.

2) 타사 제도를 도입하여 적용 강요

국내 기업의 제안제도 적용 방식이 바로 프로쿠르스테스의 침대 방식이었다. 즉, 제조 공장의 제안제도를 도입한 후 무조건 이 제도에 맞추어 제안하고 심사하라는 식이었다. 왜 심사표를 사용하느냐고 물으면 제도가 그렇게 되어 있고, 다른 회사도 그렇다는 것이다. 왜 제안양식이 개선 전후를 비교하는 것으로 되어 있느냐고 물으면 제도가 그렇게 되어 있다고 대답한다. 제도가 그렇게 되어 있어 그렇게 운영한다는 것이다. 타사의 제도를 들여와 그대로 운영하는 '프로쿠르스테스 침대' 현상인 것이다.

사실 현재 많은 기업들이 운영하고 있는 제안제도는 제조 공장의 조립 산업에 꼭 맞는 제도라고 생각된다. 이런 현실이다 보니 이 제도가 몸에 잘 맞는 제조업은 제안활동이 어느 정도 활성화되었지만, 억지로 옷에 몸을 맞추어 입은 유통이나 도·소매업, 서비스업, 건설업, 공기업, 은행 및 보험 업종 등 사무 간접·서비스 부문은 제안활동이 활성화되지 못한 것이다. 제조 업종 중에서도 공장에서는 활성화되고 있지만 본사 및 사무직에서는 제안이 거의 나오지 않는 것도 이런 이유에서이다. 물론 잘 맞지 않는다고 전혀 안 되는 것은 아니다. 억지로라도 밀어붙이면 가능하다. 제안 건수도 어느 정도는 끄집어 낼 수 있다. 하지만 이런 방식으로는 제안자 및 심사자들에게 심한 저항을 받게 된다. 제도라는 것은 종업원 모두가 동일한 행동을 하도록 만드는 일종의 시스템이다. 즉, 제도는 제방에 둑을 쌓는 것과 같다. 물이 자연스럽게 흐르도록 하려면 물의 흐름에 맞도록 제방을 쌓아야 한다. 그런데 물의 흐름은 고려하지 않고 먼저 제방을 만들어 놓고 물을 흘리면 무리가 생길 수밖에 없다.

이처럼 행동과 문화의 형태가 먼저 정의되고, 거기에 맞도록 제도가 만들어진다면 자연스럽고 효과적으로 적용될 수 있다. 하지만 제도를 먼저 만들어 놓고, 이 제도에 행동과 문화를 맞추게 되면 강제적인 시스템이 되어 부작용이 날 수밖에 없는 것이다.

3) '프로쿠르스테스의 침대' 식 운영 결과

국내 기업의 제안제도가 '프로쿠르스테스의 침대'식으로 도입된 결과, 제도가 잘 맞는 업종에서는 제안이 매우 활성화되고 그렇지 못한 기업들의 제안은 밑바닥을 헤매고 있는 실정이다.

[표 1-15] 제조업과 비제조업의 제안 건수 비교

항목	제조업				비제조업		
	화학	철강 금속	기계	전기 전자	금융	건설	통신 서비스
인당 제안 건수	28.9	11.0	21.5	33.3	0.4	2.4	1.8

※자료: 한국능률협회컨설팅, 「제15회 한국 아이디어 경영 전국 대회」, 2002, pp.34~35(요약 정리).

동일한 제안제도인데 왜 활성화되는 기업이 있고 그렇지 못한 기업이 있는가? 단순히 경영층의 리더십이나 조직 문화의 차이 때문만은 아닐 것이다. 제도에 문제가 있는 것이다. 업종에 맞게 제안제도를 고쳐서 도입한다면 제안은 반드시 활성화된다.

4. 획일적인 제안 추진 방식

1) 시대적 배경이 원인

제안제도 추진 방식을 자세히 살펴보면 전사 제안 사무국 주관하에 규정을 중심으로 강제적이고 획일적으로 추진하고 있음을 알 수 있다. 직접 부문이든 간접 부문이든 업무 특성이나 직급 차이를 무시한 획일적인 인당 제안 제출 목표를 부여하고, 과정을 무시한 결과 평가로 목표 대비 실적을 그래프로 그려 게시함으로써 임직원을 자극하였다. 무조건적으로 효과 산출 근거 작성을 강요했고, 상사나 팀장이 아무리 바빠도 모든 제안을 일일이 심사해야 했으며, 심지어는 최악의 획일적 운영이라고 할 수 있는 '제안의 날'을 시행하여 방송까지 하면서 제안을 강요했다.

이러한 강제적이고 획일적인 제안 추진 방식은 시대적 배경의 산물이다. 제안제도가 가장 왕성하게 운영되던 때가 바로 1980년대이다. 이른바 군대 문화가 모든 분야에 퍼져 있던 시기였다. 군대 문화의 특징은 획일적이고 통일적이며 강제적이다. 심지어 식사 메뉴까지도 통일하도록 강요당했던 시대이다. 이 시기의 영향을 받아 제안 추진 방식역시 일방적이고 강제적이었다.

군대식 제안제도 운영 방식은 민주화 열기 속에서 자율과 개성을 중시한 신세대의 등장으로 비판의 대상이 되었으며, 지식 정보화 시대에 들어선 오늘날에는 목표 달성을 위한 강제적이고 획일적인 방식은 바람직한 방식이 아니라는 사실을 모든 임직원들이 공감하고 있다.

2) 팀 특성을 무시한 일률적인 제안 목표

팀마다 각각의 특성이 있기 마련이다. 업무 특성에 따라 바쁜 팀도 있고, 조금 한가한 팀도 있다. 어느 팀에서는 아침에 잠깐 회사에 들렀다가 영업을 위해 곧바로 거래처로 가는 사원이 있는 반면, 하루 종일 사무실에서 PC와 씨름하며 업무를 처리하는 사원들도 있다.

줄곧 거래처를 돌아다니는 사원들은 사실 제안을 할 시간이 거의 없다. 이에 비하면 사무실에 있는 사원들은 조금 나은 편에 속한다. 따라서 자리를 자주 비우는 사원들과 그렇지 않은 사원들 간에 제안 목표를 차별화시켜야 한다. 실지로 외근직과 내근직의 제안 평가를 달리해 달라는 요구도 가끔 있다.

제안 실적을 그래프로 그려 식당이나 게시판에 게시하는 회사가 많은데, 이 그래프는 보통 U형, V형 곡선이 된다. 이것을 보면 제안을 잘하는 부서와 그렇지 않은 부서가 명확하게 구분된다. 대체로 본사의 지원 부서인 관리부, 인사부, 영업부가 계곡에 속하고, 기술부, 현장, 공장 등은 산 정상에 속한다.

사실 목표라는 것은 달성 가능한 정도보다 조금 더 높게 잡아야 희망을 갖고 하면 된다는 자신감을 가질 수 있다. 목표가 터무니없이 높으면 오히려 쉽게 포기하게 된다. 아무리 노력해도 2건의 제안밖에 못하는 사람에게 제안을 잘하는 사람 기준으로 10건씩의 목표를 주면 아예 포기하게 될 수도 있는 것이다. 따라서 제안 목표는 팀별 특성을 고려하여 달리 부여해야 한다. 이렇게 되면 전사 제안 사무국은 매우 바빠질 것이다. 어쩌면 이것이 만만찮은 일거리가 될 수도 있다. 그러나 호수에 유유자적 떠 있는 백조를 보라. 겉으로는 우아하지만 물 속의 발은 끊임없이 움직이고 있지 않은가. 제안 사무국에서 다소 힘이 들더라도 그 덕분에 제안자들이 한결 쉽게 목표를 달성할 수 있다면 가치 있는 일이 아닐까?

3) 모든 제안에 효과 산출 요구

제안양식에는 개선 효과를 산출하는 칸이 있는데, 사실 많은 사원들이 효과 산출에 상당한 거부감을 갖게 된다. 개선을 하면 분명 효과가 있기 마련이다. 그러나 이것을 숫자로 나타내거나 근거를 대라는 요구에는 망설이게 된다. 개선이라는 것이 '1+1=2'인 개념이 아닌 바에야 어떻게 정확한 근거를 만들 수 있겠는가?

혹자는 회사에서 별도의 돈이 나가기 때문에 반드시 효과를 산출해야 한다고 주장하지만, 한 번쯤 짚고 넘어갈 문제이다. 과연 누구를 위한 효과 산출인가? 제안제도 도입 초기인 산업화 시대에는 효과 산출이 필요했을지 모르나 지식 정보화 시대인 오늘날, 검증도 할 수 없는 효과 산출을 계속해야 하는 걸까?

기분이 좋고 나쁨을 숫자로 나타낼 수 없듯이 개선의 효과도 마찬가지라고 생각된다. 물론 제조업인 경우에는 효과 산출이 다소 수월할지 모르나 사무 간접ㆍ서비스 부문은 눈에 보이지 않기 때문에 산출 근거 마련이 쉽지 않다. 효과 산출 방식을 개선해야만 제안자의 부담을 덜 수 있을 것이다.

4) 목표 부여, 결과 평가만 하는 제안 사무국

제안 목표가 없는 기업은 없다. 그러나 이 목표가 잘 달성되도록 제안 사무국에서 지원해 주는 기업 또한 거의 없는 것 같다. 즉, 대부분의 기업이 목표만 주고 결과만 평가하는 식의 추진 방법을 택하고 있다.

목표를 주고 일정 기간 후 실적에 따라 그래프를 그리는 방식은 누구나 할 수 있는 단순한 방식으로서, 제안 활성화에 특별히 도움을 주지 못한다. 목표 대비 결과만 평가하는 방식은 많은 제안자들에게서 비판을 받아 온 방식으로, 이제는 버려야 할 낡은 방식이다.

제안 사무국의 역할은 무엇일까? 제안 개선을 잘하고 제안이 활성화되어 기업 경영 성과에 기여하도록 하는 것이 제안 사무국의 역할이다. 이를 위해서는 제안이 잘 개선되도록 교육도 하고, 제안 리더 활용이나 간담회, 교류회 등을 통해 지속적으로 지도해 주어야 한다. 목표만 주고 실적만 챙기는 식의 추진 방식은 제안에 대한 거부감을 부르기 때문이다.

5. 더 이상 제안할 것이 없다

1) 제안 교육 내용 – 생산 위주의 문제 찾기식

유능한 강사는 교육을 실시할 때 주제는 같더라도 대상자의 특성과 환경, 생각, 업무 내용에 따라 내용이나 방법을 달리하게 된다. 생산직인 경우에는 생산에 관련된 이야기를 하고, 사무직인 경우에는 사무에 관련된 이야기를 한다. 그러나 제안 교육 내용을 자세히 살펴보면 거의 생산직 현장 위주의 문제 발견형 제안 거리 찾기 방식으로 교육을 실시하고 있다. [표 1-16]에서 보듯이 대표적인 교육 내용인 5why 기법, 3무 체크법, 4M 체크법 등이 그것이다.

[표 1-16] 문제 발견 기법 사례

기법	핵심 내용	체크 리스트
3무 체크법	현장 안에서의 쓸데없거나 무리하거나 한결같지 않고 기복이 심한 것을 찾는 방법	− 헛된 점은 없을까? • 현재 하는 일이 많지는 않은가? • 쓸데없는 동작은 없는가? • 업무량과 비교해 사람 수가 너무 많지는 않은가? − 무리는 없는가? • 작업 조건에 무리는 없는가? • 작업 방법에 무리는 없는가? • 인원이 너무 적지는 않은가? − 한결같지 않은 것은 없는가? • 사람에 따라 작업량의 차이는 없는가? • 사람에 따라 작업 시간에 큰 차이는 없는가? • 교육 훈련이 사람에 따라 불공평하지는 않은가?
4M 체크법	작업자(Man), 기계 설비(Machine), 원재료(Material), 방법(Method)의 4가지 관점에서 상황을 체크하는 방법	− 작업자(Man) • 건강 상태는 어떤가? • 작업 표준은 지키고 있는가? • 작업자의 기능은 어느 정도인가? − 기계 설비 · 공구(Machine) • 각 설비의 생산 능력은 균형이 잡혀 있는가? • 부품 교환은 바로 하고 있는가? • 레이아웃은 적절한가? − 원재료(Material) • 재고량은 적절한가? • 제작 중인 물건의 관리는 잘 되고 있는가? • 낭비하고 있지는 않은가? − 방법(Method) • 업무 순서는 현재의 방식이 좋은가? • 작업 조건(조명, 온도, 통풍 등)은 현 상태가 　좋은가? • 작업자의 작업 표준은 철저한가?

※자료: 야마기와 아리부미, 김영국 역, 「현대경영기법 113가지」, 신세대, pp.161~166.

2) 반쪽으로 이루어진 제안 교육

기업에서 활용하는 사내 제안 교재를 보면 제안의 첫 출발을 관찰로 시작하라고 하고 있다. 여기저기 현장을 다니면서 개선할 것을 찾으라는 것이다. 그러나 설비나 장치 등 대상이 명확한 생산 분야는 제안이 많이 나오지만, 사람이 중심인 사무 간접·서비스 부문은 관찰할 대상이 없다. 교육을 받고 사무실로 돌아와 봐야 사무실에는 책상, 사람, 컴퓨터, 자료 정보만 있을 뿐 눈에 보이는 것이 별로 없다. 따라서 화장실, 복사기, 팩시밀리, 생수기, 회의실 등 주로 관찰이 가능한 주변 환경에 대한 제안들만 나올 뿐이다. 사람도 그렇거니와 업무도 관찰하기 곤란하고, 서비스 역시 마찬가지이다. 단지 결과만 보일 뿐이다. 그래서 사무 간접·서비스 부문은 그 특성에 맞게 교육되어야 하는 것이다.

사무 간접·서비스 부문은 사람 중심, 업무 중심, 서비스 창출 중심이므로 관찰이 곤란한 무형의 업무를 이해하고 고객을 이해하며 사람을 이해하는 교육이 되어야 한다. 하지만 지금까지 특성에 맞는 교육은 전무하고 오로지 생산 분야 중심으로 반쪽짜리 교육을 해 왔던 것이다.

3) 더 이상 제안할 것이 없다

제안 교육 방식이 문제 찾기식으로 진행되다 보니 문제를 찾지 못하면 더 이상 개선할 것이 없다는 결론이 나온다. 문제를 찾아야 개선을 해서 제안을 하는데, 찾을 것이 없으니 무슨 제안을 할 수 있겠는가? 현재 문제없이 잘 되어 가고 있는데 무얼 개선하란 말인가?

그렇다. 반쪽짜리 교육은 문제를 찾지 못하고, 또한 현재 문제가 없다면 개선할 것이 없다는 잘못된 의식을 갖게 한다. 앞에서 지적했던 제안 마인드의 문제 중 이삭줍기식의 제안이 끝나면 제안할 것이 없다든가 제안활동 안정기에는 더 이상 제안할 것이 없다는 것이 바로 반쪽짜리 교육의 결과인 것이다.

6. 저등급, 저가치 제안 양산

1) 제안은 스트레스 요인

제안활동을 매우 잘한다는 기업에 제안 지도를 나갔다가 제안제도에 대한 사원과 심사자들의 불만이 크다는 사실을 깨닫고 놀란 적이 한두 번이 아니다. 제안자들은 제안할 것도 없고, 산출 근거 작성도 어려우며, 목표 건수 채우기도 어려운데 목표 건수는 자꾸 올라가니 엄청 스트레스를 받는다고 호소한다. 심사자는 바빠 죽겠는데 시간을 쪼개 심사를 해야 하는 것에 대해 불만을 토로한다. 제안에 대한 만족과 기쁨보다는 귀찮은 제도로 여겨 불만을 갖는 것이 대부분 기업들의 제안에 대한 공통된 의견이다.

제안활동이 스트레스 요인이 된 것은 여러 가지 이유가 있다. 제안제도의 문제일 수도, 제안 추진 방식이 문제일 수도 있다. 제안자의 의식이, 제안에 대한 경영층의 시각이 문제일 수도 있다. 어쨌든 제안에 대해 심한 스트레스를 받는다는 것 자체가 바람직한 모습은 아니다. 즐거운 마음과 해보겠다는 의욕 없이 심한 스트레스 속에서 제안을 하니 가치 있는 고등급의 제안이 나오기가 쉽지 않은 것이다.

2) 목표 건수만 채우면 된다는 인식

저등급 제안이 양산되는 또 하나의 이유로 제안지표를 들 수 있다. 제안 평가 지표 중 가장 대표적인 항목이 인당 제안 건수인데, 전사 제안 사무국에서는 이 기준으로 모든 것을 평가한다. 이 때문에 제안자들은 제안 제출에 매우 민감해지게 되고, 그러다 보니 제안의 질을 떠나 일단 제출하고 보자는 심정으로 제안을 하게 된다. 제안의 목적이 '목표 건수 채우기'가 되고 만다.

모 기업에서 강의를 할 때의 일이다. 부서장에게 제안을 잘하느냐고 물었다. 그는 아주 자랑스럽게 자신은 제안을 아주 잘하고 있으며, 올해는 더 이상 하지 않아도 된다고 대답했다. 이유를 물었다. 목표 건수가 연 4건인데 자신은 벌써 6건이나 제출해 목표를 달성했으니 더 이상 제안할 것이 없다고, 올해 제안 농사는 다 졌다는 대답이 돌아왔다. 제안에 대해 '업무를 원활하게 함으로써 경쟁력을 갖자'가 아니라 '목표 건수 채우면 제안은 끝난다'는 인식을 가지고 있는 것이다. 1년 중 특정 기간을 정해 연간 제안 제출 목표를 달성하게 하고, 나머지 달에는 제안에 대해 잊어버리는 것을 전략으로 채택하여 활용하는 기업도 있다. 심지어 어떤 기업은 제안 마감일이 닥치면 빨리 2장을 써 내라고 재촉하기도 한다. 급하게 써 내는 제안이 과연 고등급이 될 수 있을까?

3) 제안은 제안 사무국의 일로 인식

업무에 대한 사람들의 생각을 들어 보면 각 업무를 주관 부서의 일로 인식하는 경우가 많다. 지금은 인터넷과 PC 통신으로 제법 전산에 익숙해져 이제는 전산팀의 전유물이 아니라는 생각들을 하고 있지만, 이전에는 전산의 '전' 자만 나와도 무조건 전산팀에게 넘기곤 했었다. 이렇게 전산은 전산팀의 일로, 인사는 인사팀의 일로, 비품은 총무팀의 일로 인식하는 식으로 제안은 제안 사무국의 일이라고 인식하는 경우가 많다. 이 때문에 제안에 대한 고민을 하지 않는다. 고민이 없으면 고등급이 나오지 않는다.

그러나 제안이 과연 제안 사무국의 일일까? 제안으로 가장 이익을 보는 사람은 누구인가? 팀원들이 아닐까? 제안은 자신의 업무 및 팀의 업무 경쟁력 향상으로 경쟁력을 갖추기 위한 것이므로 사실 제안은 사무국의 일이 아니라 나의 일이고, 내 팀의 일이다. 제안이 잘되지 않는데에는 사무국뿐 아니라 제안자에게도 잘못이 있는 것이다.

02 지식 정보화 시대의 신개념의 제안활동

제 1 장

일과 제안활동

1. 조직의 구조와 일의 관계

1) 기업의 조직 구조

기업을 구성하고 있는 요소는 인사(Human Resource), 마케팅 (Marketing), 자금(Finance), 생산(Production)이다.

기업의 조직이 운영되기 위해서는 우선 사람이 있어야 한다. 기업의 시작은 사람이기 때문이다. 기업을 움직이기 위한 자금도 필요하고, 물건도 만들어야 한다. 물론 물건은 아웃소싱으로 조달할 수도 있다. 물건이 만들어지면 이 물건을 판매하는 영업 활동(마케팅)을 해야 한다 ([그림 2-1] 참고).

[그림 2-1] 기업의 조직 구조

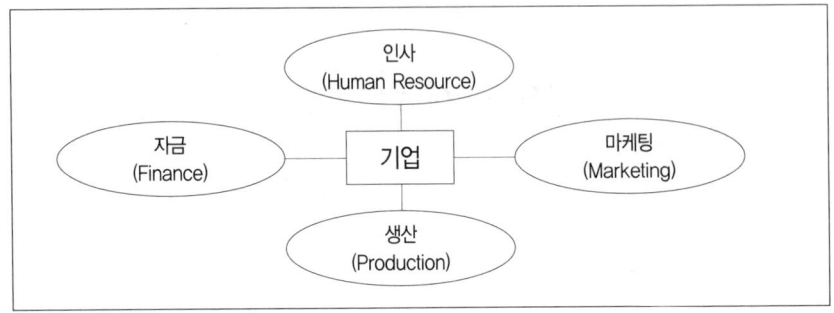

2) 직원들은 조직을 통해서 일한다

신입 사원은 면담을 통해 부서 배치를 받는다. 조직에 속한 조직원이
되는 것이다. 부서에 배치되기 전에는 회사원이고, 부서에 배치를 받아
비로소 조직원이 된다. 회사는 개인 혼자서는 일을 할 수 없다. 오로지
조직이라는 힘을 통해 일을 하는 것이다. 상사나 부하의 관계도 조직이
라는 개념 속에서만 이루어진다. 조직을 떠나면 상사와 부하의 관계가
형성될 수 없다.

모든 사원은 조직을 통해 조직의 일을 시작하게 된다. 내가 하는 일
이 곧 조직의 목표를 달성하는 일이다. 조직의 일을 통해 보람과 긍지
를 느끼게 되는 것이다.

2. 일의 모습

1) 일이란 결과물을 내는 과정

모든 임직원들은 아침 일찍 출근해서 밤늦게 퇴근할 때까지 자신이

맡은 일을 하게 된다. 일은 하지 않고 사무실에 앉아 한가하게 시간만 죽이다가(killing time) 퇴근 시각이 되면 총알같이 나가는 사람은 없을 것이다. 즉, '일이란 투입 요소(input)를 받아 결과물(output)을 내는 하나의 과정(process)'이라고 정의할 수 있다.

〈일의 구조〉

일 = input(투입 요소) + process(과정) + output(결과물)

2) 일의 구성 요소

일의 구조는 input과 process, output으로 구성되어 있다. input은 업무 목표, 상사의 지시, 정해진 계획, 고객의 요청, 사건 발생 등 대부분 미리 주어지는 요소이다. output은 제품과 정보, 서비스 등 일의 결과물이다. 제품이란 고객에게 팔 수 있는 상품을 말하고, 정보란 품의서나 보고서, 회의 자료 등을 말하며, 서비스란 고객을 만족시키는 행위이다.

[그림 2-2] 일의 구성 요소

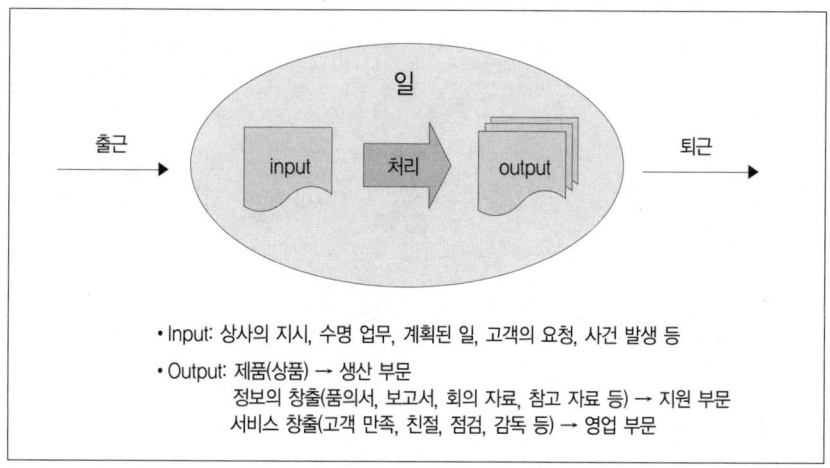

- Input: 상사의 지시, 수명 업무, 계획된 일, 고객의 요청, 사건 발생 등
- Output: 제품(상품) → 생산 부문
  정보의 창출(품의서, 보고서, 회의 자료, 참고 자료 등) → 지원 부문
  서비스 창출(고객 만족, 친절, 점검, 감독 등) → 영업 부문

결국 일을 한다는 것은 input을 받아서 output을 내는 것이다. 상사의 지시에 따라 보고서를 쓰는 것이며, 출하 예정대로 물건을 만드는 과정들이 바로 '일'이다([그림 2-2] 참고).

3. 제안제도는 아이디어를 체계화시키는 제도

1) 아이디어는 일의 결과가 잘 나오도록 하는 것

임직원들은 로봇이나 기계가 아니기 때문에 좋은 결과물을 내기 위해 매일 많은 생각을 하게 된다. 즉, 생각을 하면서 일 처리를 한다. 상사의 지시를 받으면 언제까지, 어떻게 처리할까를 생각한다. '생각을 한다'를 조금 고급스런 용어로 표현하자면 '아이디어를 낸다'가 된다. 결국 아이디어는 생각과 동일한 것이며, 일의 결과(output)를 좀더 잘 내기 위해 임직원들이 사용하는 하나의 방법인 것이다.

[그림 2-3] 아이디어가 발생하는 부분

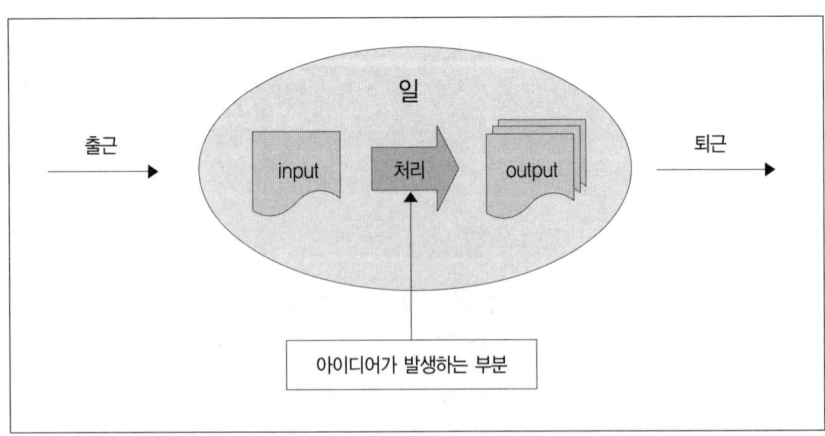

그런데 직원들은 아이디어 내는 것을 매우 어려워하고 있다. 이는 '아이디어'라는 명칭이 매우 독창적이고 창의적이고 기발하고 크고 거창한 신기술 개발, 특허 등과 같은 의미로 연상되기 때문이다.

그러나 제안활동에서의 아이디어는 특허나 신기술 개발처럼 큰 것이 아니라 나의 결과물이 좋고 빠르게, 효율적으로 잘 나오도록 하기 위한 것이다. 그러니 이제 더 이상 아이디어를 어렵게 생각하지 말자. 현재 내가 하고 있는 일을 어떻게 하면 더 잘할 것인가? 결과물을 더 좋게 하기 위해서는 무엇을 하면 될까? 일을 더 빨리 할 수 있는 방법은? 혹시 내가 잘못하는 것은 없을까? 내가 하는 일에 관심을 갖고 생각을 하면 그것이 바로 아이디어가 되는 것이다.

2) 아이디어 창출이 곧 제안활동

제안이란 아이디어를 내는 것이므로, 일을 하면서 아이디어를 낸다는 것은 바로 제안을 하고 있는 것이다. 즉, 기업 내 모든 임직원들은

[그림 2-4] 일과 제안활동의 관계

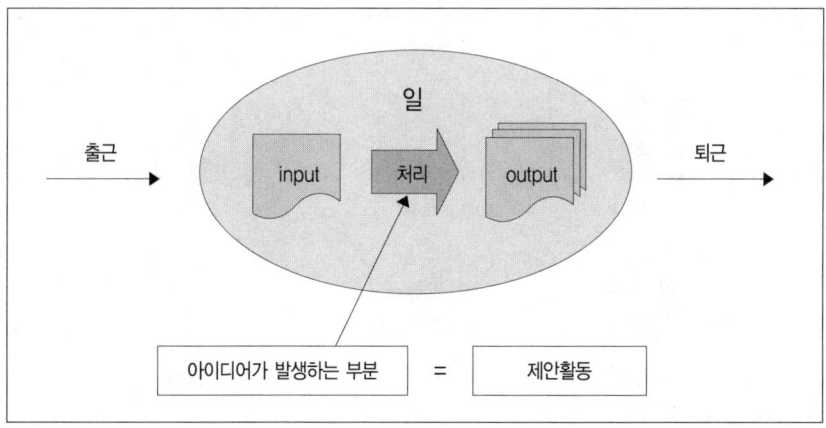

단지 제안서 양식을 작성하지 않을 뿐 결과물을 잘 내기 위해서 매일 제안을 하고 있다고 볼 수 있다. 이렇게 아이디어를 내면서(제안을 하면서) 일을 처리하므로, 일의 결과물이 곧 제안활동의 결과물이라고 볼 수 있다([그림 2-4] 참고).

3) 제안제도는 직원의 아이디어를 체계화시키는 것

이렇게 모든 사원들이 매일 아이디어를 내면서 일을 하는데, 그렇다면 일 처리를 위해 창출된 직원들의 아이디어는 다 어디로 갔을까? 회사에서는 이 아이디어들을 보관하고 있을까? 만일 이러한 아이디어를 그냥 방치한다면 어떻게 될까? 바람처럼 허공에 흩어져 누구도 직원들의 아이디어를 볼 수 없게 될 것이다.

[그림 2-5] 제안제도는 직원들의 아이디어를 체계화시킨다

물 ⇨ 물레방아 ⇨ 방아

바람 ⇨ 풍차 ⇨ 발전

아이디어 ⇨ 제안제도 ⇨ 경쟁력

시골에서 볼 수 있는 물레방아나 풍차를 생각해 보자. 물레방아는 흐르는 물을 잘 모아 방아를 찧고, 풍차는 바람을 잘 모아 동력으로 활용한다. 임직원들의 아이디어도 잘 모으면 회사 발전에 유용하게 쓰일 수 있지 않을까? 회사 차원에서 체계적인 제도를 만들어 매일 창출되는 직원들의 아이디어를 잘 관리한다면 이를 통해 에너지를 얻어 낼 수 있을 것이다. 이것이 바로 제안제도이다. 제안제도가 물레방아나 풍차의 역할을 한다면 직원들의 아이디어를 모을 수 있다. 결국 제안제도는 회사 차원에서 임직원들의 아이디어를 체계적으로 받아들여 기업 경쟁력 강화에 활용할 수 있도록 하는 활동인 것이다([그림 2-5] 참고).

4. 제안은 경영혁신활동 중 하나

1) 일을 방해하는 수많은 먹구름들

기업체 조직은 유기적인 복합체로서, 상하좌우의 많은 네트워크로 구성되어 있다. 그러다 보니 조직이 복잡해지면서 갈등이 생기게 되고, 부서와 부서 간, 본사와 공장 간, 개인과 개인 간의 의사 소통 결여 및 이해 부족으로 조직 내 많은 문제점들이 발생하면서 일 처리가 매끄럽지 못하고 많은 장애 요인, 즉 input과 output 사이에 먹구름이 끼게 되었다([그림 2-6] 참고).

비효율적이고 반복적이며, 커뮤니케이션의 부재로 인한 먹구름 때문에 input을 받아 output을 빨리 내려고 해도 잘 되지 않는다. 사원들의 입장에서는 이러한 먹구름을 제거해 주어야만 일이 잘될 수 있는 것이다.

따라서 기업은 이 먹구름을 제거하기 위해 많은 투자를 하고 고민을

[그림 2-6] 일을 방해하는 먹구름

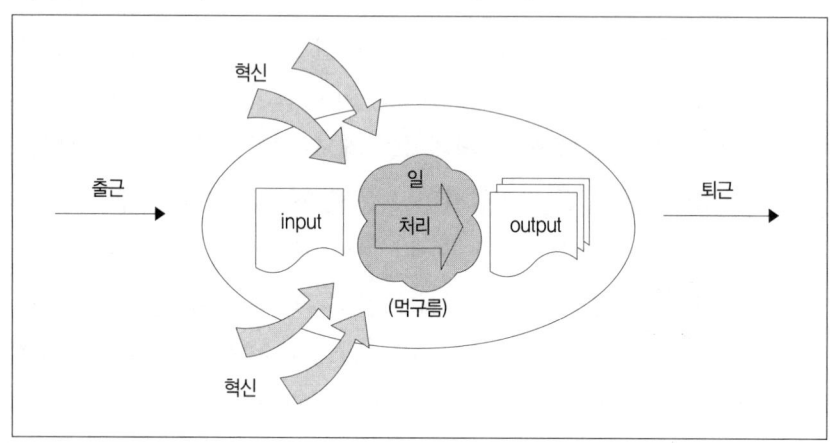

하게 된다. 그런데 이러한 먹구름은 부채나 선풍기로 살랑살랑 바람을 일으켜서는 사라지지 않는다. 폭풍우처럼 강한 바람을 일으켜야 비로소 조금씩 움직인다. 이 '강한 바람'이 바로 경영혁신활동이다. 작은 개선으로는 한계가 있고, 혁신적인 활동을 해야 비로소 먹구름이 조금씩 제거되는 것이다.

2) 제안은 경영혁신활동 중 하나

제안은 회사의 목표를 달성하기 위한 여러 가지 경영혁신활동 중 하나이며, 같은 종류의 활동이다([그림 2-7] 참고).

기업은 직원들의 일을 통해 사람의 질(people quality), 경영의 질(process quality), 제품의 질(product quality)이 향상된다. 이로써 핵심역량이 강화되고, 그로 인해 경쟁력이 생겨 고객을 만족시키고, 존속기업으로 계속 전진할 수 있게 된다. 만약 사원들이 자신에게 주어진 일을 열심히 해서 목표를 달성한다면 이보다 완전한 조직은 없다. 교육

[그림 2-7] 기업에서의 제안 위상

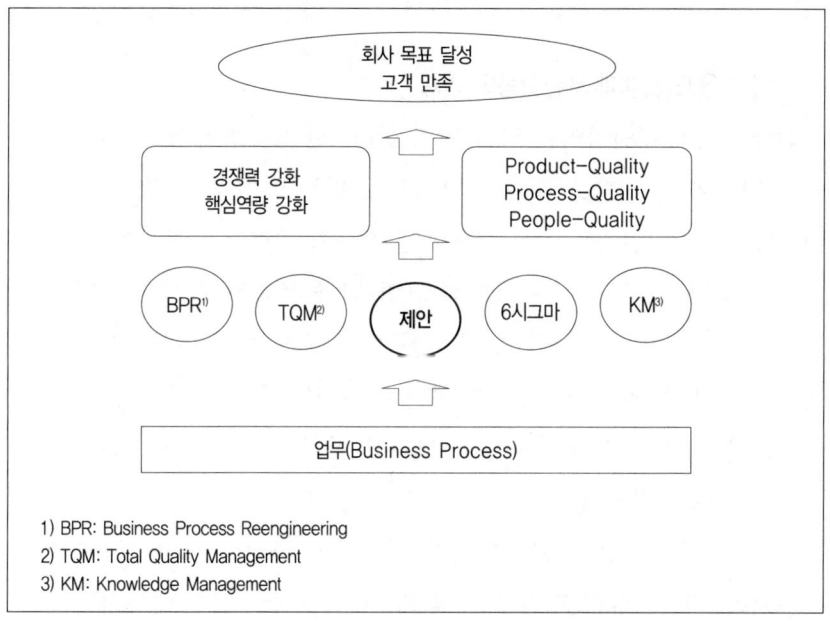

1) BPR: Business Process Reengineering
2) TQM: Total Quality Management
3) KM: Knowledge Management

도 필요 없고, 제도도 필요 없으며, 문제도 발생하지 않아 직원들은 쉽고 편하게 근무할 수 있다.

그러나 앞에서도 지적한 것처럼 기업은 여러 사람이 모여 일을 하기 때문에 비효율적인 업무에 낭비적인 일들이 생기기 마련이다. 그래서 업무 처리 프로세스를 효율적으로 바꾸기 위해 BPR을 도입하고, 기업 내 문제도 소집단 활동을 통해 개선하던 것을 기업 차원으로 승화시킨 TQM을 도입했으며, 사원들이 가지고 있는 경험과 지식을 창출하고 이를 공유해서 경쟁력을 갖도록 하기 위해 지식경영(KM)을 도입했다. 제안제도 역시 기업 내에 근무하는 사원들로 하여금 개선 아이디어를 도출하고, 이를 개선해서 핵심 역량 증대와 회사 목표 달성에 일익을 담당하도록 하기 위해 도입한 경영혁신활동 중 하나이다.

5. 제안은 업무 목표를 달성하는 수단

1) 업무 목표 달성과 제안활동의 관계

전략, 전술, 개인기라는 말을 많이 한다. 전략은 방향성을 갖는 큰 차원의 의미이고, 전술은 전략을 달성하기 위한 실천 지침 및 추진 내용에 해당하며, 개인기는 이를 실행에 옮기는 구체적인 행동들이다.

이를 회사 내의 업무에 적용해 보면 회사 목표는 전략에 해당하며, 목표를 분석해서 실천 계획을 수립하는 것은 전술에 해당하고, 이러한 전술하에 개인들이 아이디어와 전원 참여 의식을 갖고 목표를 달성해 나가는 활동이 바로 개인기이다. 그리고 이러한 개인기에 의해 개선된 결과가 바로 전략의 성과이다([그림 2-8] 참고).

제안활동은 기업의 목표와 이를 실천하는 과정의 한가운데에 있는 활동이다. 즉, 업무 목표 달성을 위해 아이디어를 내고, 이를 실천해서 목표를 달성하는 과정이 바로 제안활동의 참모습이다. 결국 제안활동은 회사의 목표를 달성하는 개인기가 되는 것이다.

2) 개인기로서의 제안활동

팀원은 회사나 팀의 목표를 달성하기 위해 많은 아이디어를 낸다.

"목표를 달성하기 위한 무언가 새로운 것이 없을까?"
"기존에 이미 했던 것 외에 참신한 방법은 없을까?"
"현재의 문제점은 없는 것일까?"
"지금보다 더 나은 방법은 없을까?"

[그림 2-8] 회사 목표와 제안활동의 관계

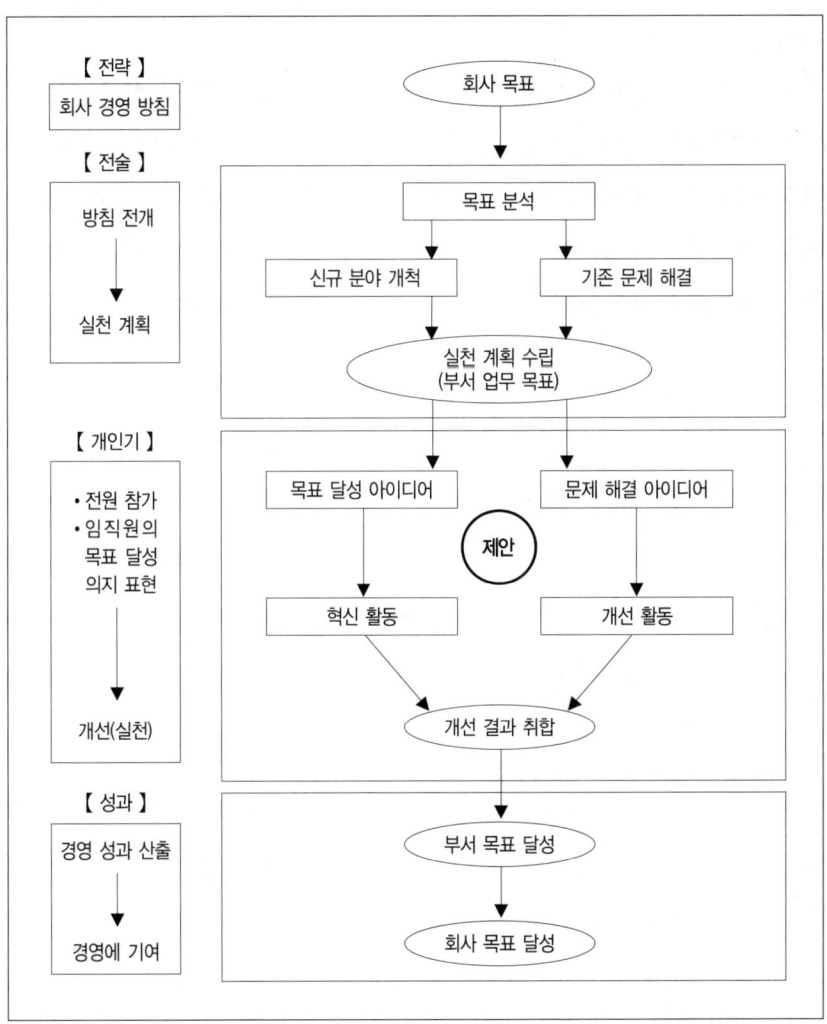

이렇게 매일 생각을 하면서 근무하고 있다. 때로는 한 사람의 아이디어로 팀 업무를 처리하는 경우도 있고, 때로는 팀원이 머리를 맞대고 아이디어를 내어 처리하는 경우도 있다. 이러한 생각, 즉 아이디어를 끄집어내는 행위가 바로 제안이다. 즉, 제안은 회사나 부서의 목표를 달성하려는 임직원 모두의 의지 표현이다.

이렇게 팀원들이 도출하는 아이디어가 팀 업무를 통해 회사의 업무까지 전달되어 경영에 반영되므로 사원의 사기는 드높아질 것이며, 자아실현의 욕구가 달성되므로 조직이 활성화될 것이다. 제안의 위상은 바로 임직원 전원 참여의 공감대 형성으로 목표 달성의 의지를 표현하는 수단이자 목표를 달성하는 구체적이고 핵심적인 수단인 것이다.

제2장

제안활동의 개요

1. 제안의 정의 및 활용

1) 제안활동의 정의

Dale Yoda 교수는 '제안제도는 사원의 창의 착상을 경영에 반영하여 개개인으로 하여금 일에 대한 보람과 안정성, 소속감을 만족시킴으로써 인간관계를 원만하게 조성하여 근무 의욕을 높이려는 인간 관계적 기술'이라고 정의하고 있다. 정부 행정 기관에서의 제안제도는 대통령령에 의하면 '공무원의 창의적인 의견과 고안을 장려하고 개발하여 이를 정부 시책에 반영함으로써 행정의 능률화와 경비의 절약을 기하고, 공무원의 참여 의식과 과학적 문제 해결 능력의 증진 및 사기 앙양을 위한 것이다.'라고 정의하고 있다(제안 규정, 제1장 1조).

이렇게 다양하게 제안에 대해서 정의하고 있는데, 이를 실무적으로 정리해 보면 '제안활동이란 기업 내에서 조직 구성원이나 관계인 및 협력 업체, 고객들이 자신의 업무를 효율적·효과적으로 처리하거나 기업 경영 성과에 기여하기 위해 경영에 관한 사항이나 업무 경쟁력, 사람의 질 향상, 고객 만족 향상, 주변 환경의 편리성 등에 대하여 수시로 자신의 아이디어를 제시하고 이를 개선 또는 실천하는 활동이다.' 라고 정의할 수 있다. 이를 6하 원칙에 의해 정리하면 다음 표와 같다.

[표 2-1] 제안의 정의

6하 원칙	내용 정의
Where	기업 내에서
Who	조직 구성원이나 관계인 및 협력 업체, 고객들이
Why	자신의 업무를 효율적(efficiency)/효과적(effectiveness)으로 하거나 기업 경영 성과에 기여하기 위하여
What	경영에 관한 사항이나 업무 경쟁력, 사람의 질 향상, 고객 만족, 주변 환경(utility) 등에 대하여
When	수시로
How to	자신의 아이디어(창의, 착상)를 제시하고, 이를 개선 또는 실천하는 활동

여기서 관심 있게 보아야 할 것이 바로 제안의 시기(when)이다. 제안은 보통 마감일에 하는 것으로 인식되어 있어 사람들은 마감일만 되면 허둥지둥 제안하느라 부산을 떤다. 그러나 제안은 마감일에만 하는 것이 아니다. 매일 수시로 하는 것이다. 일은 매일 하기 때문이다.

2) 제안의 활용
① 인간관계의 개선
조직 내에서 인간관계를 개선하고 사원의 사기를 높이기 위해 현재

널리 사용되는 제도로 인사 상담 제도, 제안제도, 의사 소통 등이 있다. 이 중 제안제도는 인간관계를 개선하는 중심 활동이며, 사람 간의 의사 소통은 물론 업무의 생산성 향상을 목적으로 하는 전원 참여의 시스템적인 활동이다.

[표 2-2] 인간 관계론의 여러 기법

구분	내용
인사 상담 제도 (personal counselling)	직원이 가지고 있는 감정이나 번민을 알아내어 상담하고 지도하여 직장에 순응시키는 것을 목적으로 하는, 직장 시기 양양 내지 유지를 위한 방책이다.
제안제도 (suggestion system)	경영에 관한 경제적, 기술적 또는 기타의 사항에 관하여 개선 의견이나 제안을 직원으로부터 모집하여 경영 개선에 이바지하고, 동시에 의사 소통 증진, 경영 문제에 관한 직원의 적극적인 관심 증대, 근로 의욕 증진을 꾀하는 제도이다.
의사 소통 (communication)	의사 전달이라고도 한다. 주로 사람과 사람 사이의 정보, 의사, 감정이 교환되는 것을 말한다. 종류(경로)로는 하향적·상향적·수평적 의사 소통이 있다.

※자료: 최종태, 「현대 인사관리론」, 박영사, 1998, pp.539~540(일부 요약).

② 원가 절감 및 품질 향상

제안을 통한 원가 절감이나 품질 향상은 제안 범위 및 대상의 첫번째로 되어 있을 정도로 익히 알려져 있다([표 2-3] 참고).

제안활동을 통한 원가 절감, 비용 감소, 불량 개선, 품질 향상 등은 아무리 강조해도 지나치지 않을 정도로 기업의 중요한 기대 사항이다. 원가 절감 및 품질 향상을 통한 생산성 향상이라는 것은 제안제도 도입 목적의 공식처럼 되어 있다. 실지로 기업에서의 제안 효과는 원가 절감 및 품질 향상을 통한 생산성 향상이 대부분이다.

[표 2-3] 기업별 제안 대상 및 범위 사례

기업명	내용	비고
전자 회사	• 품질 향상 및 불량 개선에 관한 사항 • 생산성 및 작업 능률 향상에 관한 사항 • 안전 및 위생, 작업 환경 개선에 관한 사항	제안 규정 중에서 제안 대상으로 정의
중공업	• 기존 현장 제안의 품질 · 생산성 향상 부문 및 안전 · 환경 개선 내용, 지원 · 간접 부문의 업무 개선 내용 등 • 현장 제안 외의 핫라인, 경영 아이디어 공모 등 • 대외 고객, 협력 업체, 대리점의 제안 등	제안 규정 중에서 제안 범위로 정의

③ 지속적인 개선 및 실천

급변하는 환경에서 살아남기 위해서는 기업의 지속적인 혁신이 필요하다. 그래서 기업들은 제안제도를 도입하고 있다. 제안제도가 도입됨에 따라 지속적인 혁신이 가능해지는 것이다.

[그림 2-9] 지속적인 혁신

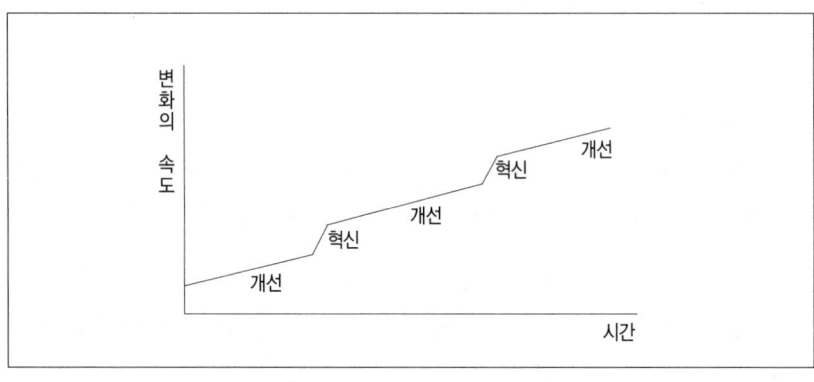

이 중 혁신과 개선은 [표 2-4]에 나타난 것처럼 차이가 있다. 가장 큰 차이점을 요약해 보면 혁신은 현재의 프로세스를 부정하고 백지 상태에서 새롭게 출발하는 것이고, 개선은 현행 프로세스 내에서 문제점을

발견하여 점진적으로 해결해 가는 방식이다.

[표 2-4] 지속적인 개선과 혁신의 차이점

항목	지속적인 개선	혁신
변화의 수준	점진적	급진적
출발점	현행 프로세스(현행 프로세스 인정)	백지 상태(현행 프로세스 부정)
소요 시간	단기	장기
참여	아래에서 위로(bottom-up)	위에서 아래로(top-down)
위험도	보통 수준	높은 수준
변화의 형태	문화적	문화적/구조적

※자료: 변지석, 이경주, 「신경영 패러다임 10」, 한언, pp.261~262. 요약.

④ 새로운 기업 문화의 실천

기업 문화란 사원 집단의 공통된 행동 유형을 결정짓는 일련의 공유된 가치와 신념이라고 정의한다. 기업 문화는 관념 문화(경영 이념 등), 제도 문화(전통, 규칙 등), 행동 문화(공통된 행동 등), 시청각 문화(CI, 유니폼, 사가社歌 등)로 구성되어 있는데, 제안활동은 행동 문화에 속한다고 볼 수 있다.

모든 사원들이 제안활동을 통해 업무의 질적 향상에 노력하고 결과를 도출해서 회사 경영에 기여하는 것이 바로 공통된 행동 양식이다. 즉, 제안활동은 기업 문화의 실천 수단이 되는 것이다. 제안을 통해 자신의 일을 개선하고 타 부서와 커뮤니케이션을 하고, 타 팀 사원들과 문제 해결의 서클을 만들어 활동하는 것들이 바로 '하나'가 되는 아주 좋은 행동이 될 수 있다.

IBM의 기업 문화는 6개의 요소(전략, 리더십 스타일, 관리 기능, 시스템, 구성원, 구조)로 되어 있는데, 제안과 소집단 활동은 이 중 6번째의 '구조'에 해당하여 직무 충실화 및 소집단 중심의 자율 경영을 추구하는 것으로 되어 있다.

GM의 기업 문화 중 Core Values(GM의 핵심 가치)는 고객 감동, 지속적 개선, 높은 기업 윤리, 팀워크, 혁신, 상호 존중과 책임감으로 되어 있는데, 역시 제안활동이 지속적인 개선(continuous improvement) 속에 포함된 기업 문화의 실천 요소로 자리매김하고 있다.

⑤ 직원들에게 공평한 기회 부여

제안활동의 참여 대상은 전 임직원들이다. 아마도 회사 내에 도입한 활동 중 차별 없이 전 직원이 참가할 수 있는 것은 제안활동 외에는 없을 것이다. 제안이야말로 전 직원들이 참가할 수 있는 장(場)인 것이다.

흔히 제안은 애사심의 표현이라고 한다. 애사심이 없는 직원은 제안 활동도 소극적이다. 무언가 잘해 보려는 마음가짐이 바로 제안의 시작인데, 애사심이 없다면 과연 열심히 아이디어를 낼 수 있겠는가? 제안 제도를 도입하면 회사에 대한 직원들의 관심을 높이고, 직원과 회사 간의 일체감을 조성하며, 기업에의 충성심을 불러일으키게 될 가능성이 생긴다. 즉, 전 직원들에게 기회의 공평성이 제공되는 것이다. 모 기업의 사장은 "제안이야말로 모든 사원에게 균등한 기회를 제공하는 것이다."라고 말하기도 했다.

제안은 회사 내에 속한 모든 사람들이 참여하는 것이기 때문에 직위 고하를 막론하고 공평한 기회를 부여받게 된다. 하지만 결과는 천차만별이다. 제안을 기회로 보아 이 기회를 잘 활용하는 사람은 업무 효율화 및 놀라운 성과를 나타내어 많은 상금과 보람 및 자긍심을 얻게 된다. 하지만 이 기회를 잘 활용하지 못하는 사람은 겨우 제안 목표 건수나 채우는 정도로 그친다. 기회는 동일하게 주어졌지만 결과의 차이는 엄청나다. 회사는 모든 직원에게 공평한 기회를 부여한 것이고, 직원은 공평한 기회를 부여받은 것이다. 놓치면 다시 잡기 어려운 것이 바로 기회이다.

2. 제안의 종류

1) 실시 여부에 의한 분류

제안의 종류는 실시 여부에 따라 아이디어제안과 실시제안으로 구분된다. 아이디어제안은 실시를 하지 않은 제안이고, 실시제안은 실시를 완료한 제안이다.

① 아이디어제안

아이디어제안은 사원들의 유용한 아이디어를 모아 경영에 반영하는 제안으로서, 무엇이든 좋으니 생각나는 대로 써 내라는 방식이다. 아이디어제안은 아직 실시하지 않은 상태의 제안이다. 내 부서, 내 업무보다는 타 부문에 대한 문제점 및 해결책이 대부분으로, 제안자와 실시자가 별개인 경우가 많다. 그러나 개선이 많이 되지 않는 특징이 있다.

제안제도를 도입하는 초기 단계에서는 주로 아이디어제안을 많이 도입한다.

② 실시제안

실시제안은 개선제안이라고도 하는데, 자기 주변의 개선 사항(주로 자신의 업무와 관련하여)을 상사와 협의하여 개선하고 효과를 파악하여 개선 내용과 효과를 제안서에 기록하여 제출 및 평가, 시상하는 제안이다. 실시제안은 실시 건수를 늘려 하나라도 더 실시하자는 취지로 제안의 질을 향상시키기 위해 만들어졌다.

2) 접근 방식에 의한 분류

제안의 종류는 제안자가 어떠한 방식으로 접근하느냐에 따라 문제 발견형 제안과 목표 달성형 제안으로 구분한다. 문제 발견형 제안은 잘못된 것을 찾는 방식이고, 목표 달성형 제안은 더 나은 방식을 찾는 제안이다.

① 문제 발견형 제안

문제 발견형 제안은 일반적으로 많이 운영하는 제안이다. 일의 방법이나 환경, 흐름, 상태 등의 현상을 자세히 관찰함으로써 비효율적이거나 반복적인 작업, 시간이 걸리는 작업, 가치 없는 작업 등을 발견하여 개선 방안을 제시하거나, 개선 후 제안을 하는 것이다.

② 목표 달성형 제안

목표 달성형 제안은 현상의 문제보다는 미래의 목표, 즉 회사·사업장·부서·개인의 목표를 달성하기 위해 무엇을 할 것인가, 무언가 좋은 아이디어가 없을까 등 목표 달성을 위한 구체적인 실천 항목을 찾아 제안하는 것이다. 목표 달성형 제안은 how-to 방식의 제안이다.

3) 최근 등장한 신개념의 제안

경영 환경 변화에 적응하기 위해 현재의 경영 환경을 반영한 업무제안과 인재향상제안, 지식제안 등이 있다. 이 부분은 뒷장 Advanced 제안활동에서 상세하게 설명하기로 한다.

① 업무제안

업무제안은 자신이 담당하는 업무를 대상으로 제안하는 것이다. 업무제안의 대상은 팀의 업무 목표나 업무 분장, 팀의 미션(Mission)이 된다. 업무제안은 보고서도 제안으로 봄으로써 자신의 일에 대해 많은 관심을 가질 수 있게 된다.

② 인재향상제안

인재향상제안은 기계나 제품이 아닌 사람을 대상으로 해서 아이디어를 내어 유능한 인재를 양성하는 방식이다. 사람을 대상으로 제안을 하게 되면 사람의 능력을 높일 수 있게 되어 회사의 경쟁력 향상이 가능해진다.

③ 지식제안

지식제안은 사원들이 가지고 있는 경험이나 업무 노하우 등을 제안으로 인정하는 방식이다. 지식제안은 지식경영의 틀 속에서 제안을 하는 것으로서 자신의 경험이나 관련 자료, 노하우 등을 타인에게 공개해 내 지식을 참조함으로써 부가 가치를 창출하도록 하는 방식이다.

3. 제안활동 프레임워크

1) 제안은 14개의 모듈로 구성되어 있다

제안활동은 어떤 모습을 하고 있을까? 기업 내에 도입, 운영되고 있는 모든 활동들은 나름대로의 모습이 있고 시스템화되어 있다. TPM은 7단계로 되어 있고, BPR은 개선 과제를 선정하고 팀을 구성해서 개선활동을 하여 프로세스를 단축하는 활동이며, Work-out은 개선 주제를 가지고 관련된 사람들이 모여 토론을 통해 부서 간의 벽을 허무는 방법이다. 이와 같이 모든 혁신 Tool들이 나름대로의 모습을 갖추고 있는 것처럼 제안활동 역시 나름대로의 모습을 가지고 있으며, 14개의 모듈(Module)로 구성되어 있다([그림 2-10] 참고).

2) 14개 모듈의 상세 내용

① 문제 인식

'문제' 란 이상과 현실과의 차이라고 이야기한다. 이상과 현실의 차이는 현재 잘못된 것도 포함하지만 목표를 위해 더 잘해야 할 것도 문제로 인식해야 한다. 그런데 일반적으로 문제라는 것은 잘못된 것만을 인식하는 경우가 대부분이다. 하지만 여기에서의 문제 인식이란 잘못된 것뿐만 아니라 지금은 잘하고 있지만 향후 목표 달성을 위해서 더 잘해야 할 것도 문제로 인식하는 것을 말한다.

② 문제 접근

문제 접근은 문제를 인식하여 해결하려는 마음가짐으로서, '착안' 에 해당한다. 구체적인 접근 방식으로는 현재의 시각에서 잘못된 것을 찾

[그림 2-10] 제안활동 프레임워크(Framework)

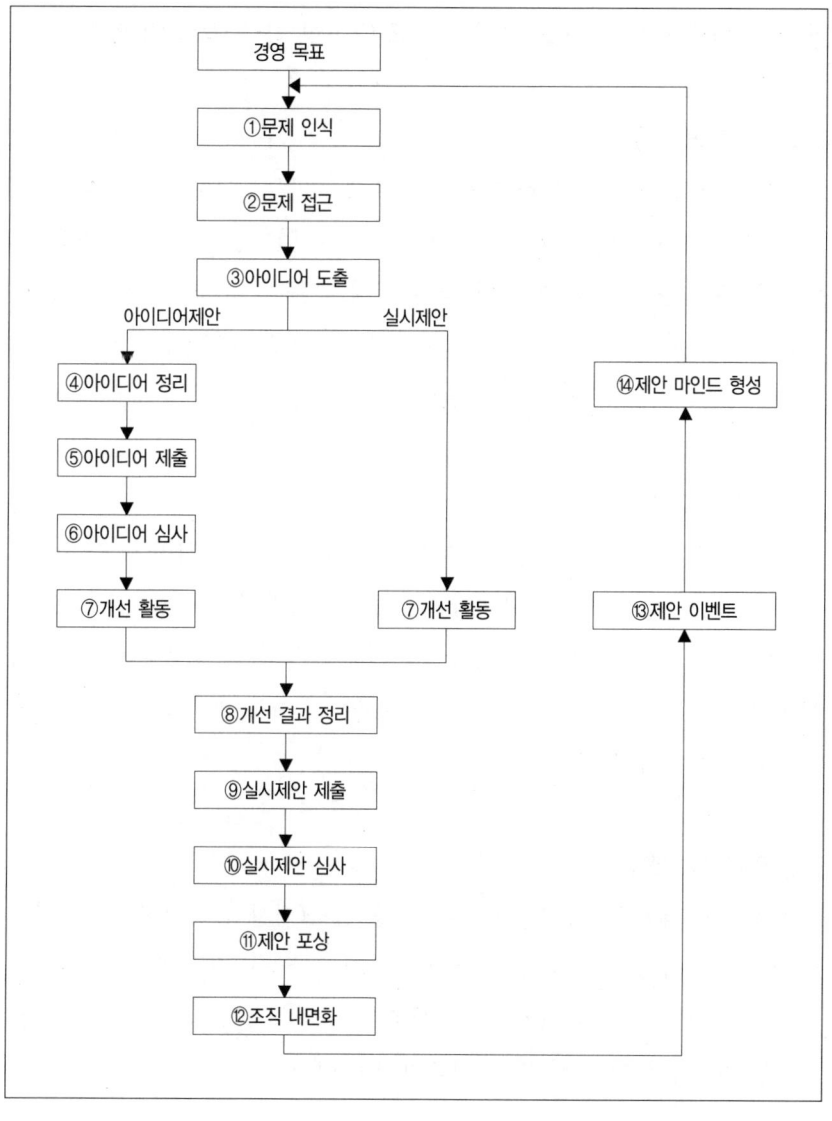

경영 목표

①문제 인식

②문제 접근

③아이디어 도출

아이디어제안　　　실시제안

④아이디어 정리

⑤아이디어 제출

⑥아이디어 심사

⑦개선 활동　　　⑦개선 활동

⑧개선 결과 정리

⑨실시제안 제출

⑩실시제안 심사

⑪제안 포상

⑫조직 내면화

⑬제안 이벤트

⑭제안 마인드 형성

는 방식인 '문제 발견형 접근 방식'과 목표를 달성하기 위해 향후 더 잘할 수 있도록 아이디어를 내는 '목표 달성형 접근 방식'이 있다.

③ 아이디어 도출

아이디어 도출은 문제 해결을 위해 실천 가능한 아이디어를 내는 것이다. 아이디어는 순간적으로 떠오르는 것도 있지만 대체로 수많은 연습을 통해 만들어진다. 야구의 경우를 예로 들면, 수많은 스윙 연습과 기본기에 의해 안타와 홈런이 나오게 된다. 메모 습관이 개선 의식을 키우듯 아이디어에도 연습과 습관이 필요하다.

④ 아이디어 정리

아이디어 정리는 도출된 아이디어를 구체적으로 정리하여 제안양식에 기록하는 것으로, 아이디어를 정리할 때 바람직하지 않은 내용이나 단순한 불평은 가급적 피하고, '~해 달라', '~라면 좋겠다'라는 건의성 내용도 피한다. 특히 내용 정리는 본인 기준이 아니라 상사(심사자) 기준으로 적어야 한다.

⑤ 아이디어 제출

아이디어 제출은 정리된 아이디어를 상사(심사자)에게 올리는 것으로, 면담 및 제안 전산 시스템을 이용하기도 한다. 최근에는 많은 회사들이 전산 시스템을 이용하지만, 제조 공장이나 전산이 개발되지 않은 회사는 제안양식에 직접 써서 제출하기도 한다.

⑥ 아이디어 심사

아이디어 심사는 제출된 아이디어의 실현 가능성을 기준으로 심사자의 주관에 의해 채택 여부를 판단하는 것이다. 만약 실행할 수 있다면 '채택'으로 심사해 주고, 실행할 수 없다면 '불채택'이 된다.

⑦ 개선 활동

제안은 개선이 되어야만 진정한 가치가 있다. 제안만 하는 것은 문제만 발견하는 것이고, 단순히 아이디어만 내는 것이다. 이래서는 의미가 없다. 개선활동은 본인의 노력이 매우 중요하다. 물론 대부분의 조직이 팀으로 구성되어 있기 때문에 동료들의 도움이 절대적이지만, 이것 역시 본인의 노력이 있어야 가능하다.

⑧ 개선 결과 정리

개선 결과의 정리는 개선된 내용을 체계적으로 작성하는 것을 말한다. 개선 내용과 효과 등을 비교적 상세하게 기술하고, 첨부 자료가 있으면 이것 역시 정리한다.

⑨ 실시제안 제출

실시제안 제출은 개선활동을 한 결과에 따라 개선 내용을 제안양식에 기재하는 것을 말한다. 제안 내용은 제안 전산 시스템을 활용하되 첨부 자료는 파일 첨부하여 자료를 제출한다.

⑩ 실시제안 심사

실시제안의 심사는 개선된 결과에 따라 개선 내용을 평가하고 등급을 부여하는 것으로, 경영 기여도에 의해 심사를 한다. 경영 기여도가 큰 것은 고등급, 낮은 것은 저등급이 되게 한다.

⑪ 제안 포상

제안 포상은 개선된 결과에 따라 하는 것이 좋다. 직원에게 알맞은 포상을 선택하고, 업적에 맞추어 포상한다. 포상은 적절한 시기를 맞추어 구체적으로 하는 것이 좋다.

⑫ 조직 내면화

조직 내면화는 개선된 결과 중에서 조직에 전파하여 효과를 극대화할 수 있는 것을 선택하여 전파하는 것을 말한다. 조직 내면화 방법은 제안 사례집을 많이 활용한다. 홍보 매체를 통한 공지, 활용 사례 발표 대회 등을 통해서도 가능하다.

⑬ 제안 이벤트

제안 이벤트는 직원들이 계속해서 제안에 관심을 갖도록 회사 차원에서 여러 가지 행사를 하는 것을 말한다. 우수 사례 발표 대회나 제안왕 선발, 우수 제안 부서 시상 등을 하여 제안을 잘하도록 분위기를 살려준다. 과제제안이나 표어, 포스터 등을 활용하는 것도 좋은 방법이다.

⑭ 제안 마인드 형성

바쁘게 업무 처리를 하다 보면 제안에 대해서 생각하지 않을 때도 있다. 가장 바람직한 것은 매일 제안 마인드를 갖는 것이지만, 말처럼 쉽지는 않다. 그래서 제안 사무국에서는 직원들이 지속적인 제안 마인드를 갖도록 관심을 갖고 교육을 실시하고 독려한다.

4. 제한이 없는 제안활동

1) 제안은 제한이 없다

제안의 목적은 개인의 자기 계발 및 회사 경영 효과이기 때문에 특별히 주어진 대상이나 범위의 제한이 없다. 회사 생활을 하면서 보고, 느끼고, 생각하고, 일하는 모든 것을 대상으로 한다. 특정 부문만 경영 효과를 내는 것이 아니기 때문이다.

일부 회사에서는 경영 계획에 의한 계획된 업무나 상사의 지시 사항, 일상적인 업무 등은 제안의 대상에서 제외시키고 있으나, 이는 제안을 너무 제도적으로 인식하는 것이라 할 수 있다. 제안은 제도가 아니라 아이디어와 실시가 결합된 살아 있는 것이다. 이런 의미에서 보면 개인이나 부서, 회사 경영에 도움이 되는 것이라면 무엇이든 제안이 될 수가 있다.

2) 제안은 목적이 아니라 수단이다

물건을 맞히는 게임이 있다고 하자. 방법은 각자가 알아서 선택할 수 있다. 던져서 맞히든 굴려서 맞히든 돌려서 맞히든 본인이 편한 방법으로 하면 된다. 중요한 것은 방법이 아니라 어떤 방법으로든 맞혀서 이겨야 한다는 것이다. 그런데 만약 오로지 돌려서 맞히는 방법으로만 해야 한다면 사정은 달라진다. 굴리는 사람이나 던지는 사람은 반칙을 하는 것이 된다. 이렇게 수단과 방법은 그 목적에 따라 사용 가능하기도 하고, 불가능하기도 하다.

제안도 마찬가지이다. 제안은 수단이다. 목적이 아니다. 제안을 통해서 개인이나 부서, 회사에 성과가 나야 한다. 성과를 내는 것이 목적이지 제안 자체가 목적은 아니다. 제안은 수단이기 때문에 대상의 제한이 없는 것이다.

제 3 장

제안의 대상

1. 생산, 사무, 서비스의 제안 대상은 다르다

1) 생산, 사무, 서비스는 서로 다른 일을 한다

우리가 알고 있는 생산 관리는 공장에서 제품을 만들 때 어떻게 하면 싸고 좋은 제품을 만들 수 있는가의 문제, 즉 원가 절감과 고품질의 제품 생산을 연구하는 학문이다. 사무 관리는 사무실에서 어떻게 하면 빠르고 효율적이며 가치 있는 정보를 만들 것인가를 연구하는 학문이며, 고객의 필요와 결핍이 무엇인가를 찾아 이를 충족시킬 수 있도록 하는 것이 서비스이다. 즉, 생산 관리는 원가 절감 및 품질 향상이 키워드이고, 사무 관리는 정보 창출, 서비스는 고객 만족이 키워드이다([표 2-5] 참고).

생산 부문과 사무 부문, 서비스 부문은 핵심 용어도 다를 뿐만 아니라 [표 2-6]에서 보는 것과 같이 업무 특성도 서로 다르다.

[표 2-5] 생산 관리, 사무 관리, 서비스의 내용

구분	내용	핵심
생산 관리	공장에서 제품을 만들 때 어떻게 하면 싸고(원가 절감) 좋은 제품(고품질)을 만들 것인가를 연구하는 학문	품질 향상, 원가 절감
사무 관리	사무실에서 어떻게 하면 빠르고, 효율적이고, 가치 있는 정보를 생산할 것인가를 연구하는 학문	정보 창출
서비스	서비스업은 고객의 필요와 결핍이 무엇인가를 찾아서 이를 충족시킬 수 있는 서비스를 제공함으로써 계속 기업으로 유지, 성장할 수 있다	고객 만족

[표 2-6] 생산, 사무, 서비스 부문의 업무 특성

구분	주체	주 도구	결과물	목표	사용	기준
생산	사람	기계, 장치	제품(상품)	품질 향상	판매	규정(SPEC)
사무(지원)	사람	업무	정보	정보의 질 향상	의사 결정	상사
서비스	사람	행위, 시설	서비스	서비스의 질 향상	고객 만족	고객

생산 부문은 사람이 기계 설비 등을 활용하여 최종 결과물인 제품을 만든다. 따라서 결과물인 제품의 질, 즉 품질이 매우 중요하다. 품질을 향상시키는 이유는 판매를 하기 위해서인데, 품질의 기준은 SPEC이다. SPEC에 맞으면 양품이 되고, 맞지 않으면 불량이 된다. 불량이 난 제품은 판매를 할 수 없다. 그래서 생산 부문은 품질 향상을 위해 SPEC에 맞추려고 노력을 하는데, 이는 혼자서도 노력할 수 있다.

반면, 사무 부문은 사람이 업무를 통해서 최종 결과물인 정보를 만든다. 사무실에는 기계 장치가 없어 단지 업무를 통해 많은 품의서나 보고서 등을 산출하는데, 이런 산출물을 한마디로 '정보'라고 한다. 따라서 사무 부문에서는 일의 결과물인 정보의 질이 매우 중요하다. 생산 부문의 최종 결과물인 제품의 질이 중요하듯 사무의 최종 결과물인 정보의 질도 매우 중요하다.

정보의 질을 향상시켜야 하는 이유는 정보가 의사 결정에 사용되기 때문이다. 사무실에서 만드는 보고 자료와 회의 자료는 모두 의사 결정을 하는 데 사용된다. 의사 결정은 내가 하는 것이 아니라 상사가 하므로, 정보 질의 기준은 상사의 의사 결정 방향에 맞추어야 한다. 담당자가 자신의 스타일과 기준에 맞추어 열심히 보고서를 썼건만 상사의 한마디에 무용지물이 되는 경우가 바로 이런 이유에서이다. 또한 자체적으로 기준을 정해도 상사가 바뀌면 업무 방법이나 기준이 달라지는 경우도 흔히 볼 수 있다. 이렇게 정보는 상사 지향이기 때문에 상사의 방향에 따라 달리 만들어야 하는 것이다.

서비스는 행위나 시설 등을 통해 최종 결과물로 창출된다. 서비스 역시 질이 매우 중요하다. 서비스의 질을 높여야 하는 이유는 끊임없이 고객 만족을 추구해야 하기 때문이다. 서비스의 기준은 내가 아니라 고객이다. 고객 만족은 사람마다 다르다. 따라서 고객 만족의 기준은 없다.

2) 생산 부문은 원가 절감 및 품질 향상을 목표로 제안

제조 공장의 제안 대상을 보면 대부분 품질 향상, 작업 방법 개선과 관련된 사항, 원가 및 경비 절감 등 주로 원가 절감 및 설비 향상을 통한 품질 향상이 주를 이룬다. 생산의 기본적인 목적이 대체로 품질 향상 및 원가 절감을 통항 생산성 향상이기 때문이다. 즉, 품질 향상 및 원가 절감을 위한 모든 아이디어가 제안이 되는 것이다.

원가 절감과 품질 향상이란 바로 생산 부문의 결과물인 제품을 싸고 좋게 만들자는 것이다. 즉, 생산 부문의 결과물을 잘 만들기 위한 아이디어가 바로 제안인 것이다.

3) 사무 부문은 정보의 질 향상을 목표로 제안

사무 부문의 제안 대상은 무엇일까? 지금까지 많은 기업들이 품질 및 원가 절감 등 생산 부문에 대해서는 명확하게 제안 대상을 정의해 주었지만, 사무 부문에 대해서는 그렇게 하지 못했다. 생산 부문은 눈에 보이고 만질 수 있지만, 사무 부문은 눈에 보이지도 않고 만질 수도 없는 정보의 형태이기 때문이다.

사무 부문은 정보를 만드는 것을 본업으로 한다. 정보를 만든다는 것은 상사가 올바른 의사 결정을 할 수 있도록 아이디어를 내서 보고서나 회의 자료를 만드는 것이다. 보고서를 만드는 사람은 보고서의 내용에 신경을 써서 작성해야 하며, 회의 자료를 준비하는 담당자는 회의 참석자가 제공된 정보를 한눈에 파악할 수 있도록 고등급의 정보를 준비하는 데 최선을 다해야 한다. 만약 상사가 그 정보를 가지고 의사 결정을 잘해서 수주를 하거나 판매 계약을 하거나 신제품을 개발한다면 그 정보는 경영 성과에 기여하는 가치 있고 질 높은 정보가 될 것이다.

정보는 관련성과 충분성, 정확성, 적시성, 경제성이 있어야 한다. 정보 작성자는 항상 의사 결정과 문제 해결에 관련된 충분한 내용을 만들어야 하고, 상사가 올바르게 의사 결정을 할 수 있도록 정확한 내용을 적시에 제공해 주어야 한다.

이렇게 정보의 질을 높이기 위해 각종 아이디어를 짜내는 것이 바로 제안활동이다. 생산 부문에서 결과물의 질, 즉 제품의 질을 높이기 위한 아이디어가 제안이듯이, 사무 부문에서는 사무 부문의 결과물인 정보의 질을 높이는 것이 제안이다. 제품은 생산 부문의 결과물이고 정보는 사무 부문의 결과물로서, 각각 결과물의 질을 높이는 활동이 바로 제안인 것이다.

4) 서비스 부문은 서비스의 질 향상을 목표로 제안

서비스 부문 또한 서비스의 질을 향상시키는 것을 제안으로 한다. 고객을 만족시키기 위한 노력이나 혹은 그 결과물이 바로 제안이 되는 것이다.

서비스는 행위와 시설 등을 통해서 나오게 되는데, 모든 행위와 시설물 배치 등은 고객 만족을 염두에 두고 이루어져야 한다. 고객 만족을 위해서는 서비스의 질을 높여야 하는데, 이를 위해서는 끊임없이 노력하고 아이디어를 내야 한다. 역시 서비스의 결과물인 서비스의 질을 향

[그림 2-11] 생산, 사무, 서비스의 제안 타깃

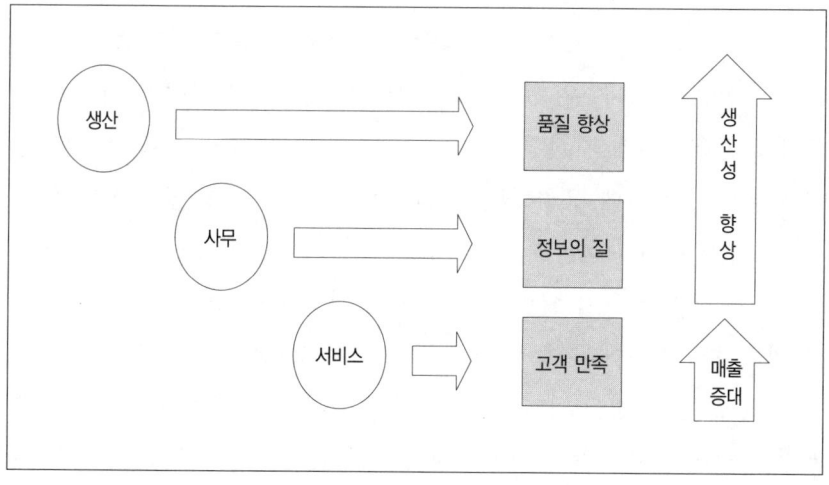

상시키기 위한 모든 아이디어가 제안이 되는 것이다([그림 2-11] 참고).

2. 당연히 해야 할 일을 제안

1) 당신은 당연히 할 일을 하고 있는가?

제안의 대상, 즉 타깃은 생산 부문에서는 원가 절감 및 품질 향상, 사무 부문에서는 정보의 질 향상, 서비스 부문에서는 서비스의 질 향상이라고 했다. 그렇다면 이 내용들의 제안 수준은 어느 정도로 해야 가장 바람직할까? 물론 다다익선이니 원가도 많이 절감되고, 품질도 매우 좋으며, 정보의 질까지 뛰어나면 금상첨화일 것이다. 하지만 욕심만 부린다고 결과가 다 좋을 수는 없다. 당연히 해야 할 일들이 당연히 되도록 하기만 해도 훌륭한 수준이 된다.

만일 모든 직원들이 당연히 해야 할 사항이 당연히 되도록 한다면 그 기업에는 큰 문제가 없다. 목표를 주면 다 달성하고, 고객에게 알아서 친절하게 대하고, 스스로 자기 계발을 한다면 교육도 필요 없고, 혁신 활동도 필요 없으며, 윤리 경영도 필요 없다. 스스로 알아서 지식을 창출하고 공유하는데 지식경영이 왜 필요하겠는가? 다들 부정을 멀리하며 기본에 충실한데 윤리 경영이 왜 필요하겠는가? 품질 향상을 위해 스스로 알아서 노력하는데 6시그마가 왜 필요하겠는가?

문제는 당연히 해야 할 사항을 당연히 되도록 하지 않는 데 있다. 독자 여러분도 가슴에 손을 얹고 생각해 보기를 바란다. 과연 나는 당연히 해야 할 일을 정말 당연하게 하고 있는가? 하루 이틀이 아니라 매일 매일 그렇게 하고 있는가? 아닐 것이다. 사람인 이상 요령도 피우게 되고, 안 되는 경우도 있기 마련이다. 우리는 당연한 것조차 당연히 되도록 하지 못한다. 이 때문에 기업은 교육이나 의식 개혁, 윤리 경영, 고객 만족 운동을 하는 것이다.

2) 당연히 해야 할 일은 불채택?

불채택 제안의 사유를 보면 '당연히 해야 할 것'이라고 되어 있다. 제안 규정에도 업무 목표로 계획되었거나 소속 부서의 업무 분장 사항, 이미 구체적인 운영 계획이 수립된 사항, 상사가 지시한 내용, 감사팀에서 지적한 감사 내용 등 당연히 수행해야 할 일상 업무 관련 내용은 제안으로 인정하지 않거나 불채택으로 한다고 명시되어 있다.

제안 컨설팅을 하면서, 또는 제안 교육을 하면서 업무와 제안을 구분해 달라는 말을 자주 듣게 된다. 그리고 한편으로는 당연히 해야 할 것을 실시해서 제안했는데 어째서 이를 시상해야 하는가라는 질문도 받게 된다. 즉, 제안의 효과가 발생했다고 하여 제안 사무국에서 포상을 위해 제안 내용을 살펴보면 이미 연구 과제로 잡혀 있던 것을 추진해서 제안을 했거나, 구매 계획이 있던 장비를 다른 장비로 구매해서 원가를 절감했거나, 이미 경영 목표에 잡혀 있는 과제를 실천해서 제안을 한 경우인데, 이러한 경우를 제안으로 인정해야 하느냐는 것이다.

과연 당연히 해야 할 일은 제안이 될 수 없는 것일까?

3) 제조 공장에서의 '불량률=0'의 달성은 당연한 것

제조 공장에서는 불량률이 암 같은 존재이다. 불량으로 인해 품질이 저하되고, 품질 저하로 인해서 매출이 줄어들며, 클레임이 많이 발생하여 결국은 고객의 불만을 초래하고, A/S 비용도 많이 들어 궁극적으로는 회사를 망하게 할 수도 있는 아주 무서운 존재이다. 이 때문에 제조 회사인 경우 기업 내 모든 활동이 불량률 감소에 맞추어져 있다고 해도 과언이 아닐 정도로 '불량률=0'을 당연한 것으로 인식하고 있다.

직원들에게 불량을 내도 괜찮다고 하면서 월급을 지불하는 제조 기업은 없다. 불량은 반드시 발생하는 것이라고 생각하는 기업도 없다. 그렇다면 '불량률=0'의 달성은 제조 공장에 근무하는 사람이라면 누구에게든 당연히 해야 하는 사항이다(이는 직원의 의무 사항이기도 하다. 만약 계속해서 불량을 내는 직원이 있다면 그는 문책을 당하거나 심하면 퇴출될 수도 있다).

4) '불량률=0'의 달성을 좋은 제안으로 인정

제조업에서의 개선 사례를 보면 열심히 개선활동을 해서 불량률을 3%에서 1.5%로 줄여 연간 5,200만 원의 원가 절감을 했다는 식으로 제안을 하는 경우가 많다. 또한 개선팀이 밤새 노력해서 불량을 잡았고, 이로 인해 생산성이 향상되었다는 식의 제안도 많이 나온다. 이에 대해 회사는 좋은 제안으로 평가하여 고등급의 시상을 해준다. 어떤 회사는 이러한 사례를 우수 개선 사례로 삼아 타 부서에 벤치마킹을 권하거나 우수 사례 발표회를 갖는다.

전국 아이디어 경영 대회에서 발표되는 우수한 제안이나 제안 명장들의 대표적인 제안들이 바로 불량 감소 및 원가 절감, 품질 향상에 관한 사항들이다. 이들은 당연히 해야 할 사항을 열심히 하고, 당연히 해야 할 것을 제안한 것이다. 그리고 '불량률=0'의 당연한 수준에 못 미치고 있음에도 불구하고 회사에서는 포상하고 격려해 주고 있는 것이다.

5) 제조 공장은 당연히 한 것을 보상해 주어서 제안이 활성화

제조 공장 입장에서 보면 불량 감소를 위한 직원들의 노력은 당연한 것이다. 그렇다면 제안자는 당연히 해야 할 사항을 해 놓고 제안을 하는 것이 되며, 회사는 당연히 해야 할 일을 훌륭히 수행했다고 해서 상금을 주는 형태가 된다. 실지로 많은 제조 공장에서 이러한 제안에 대해 고등급을 부여하고 시상을 하면서 칭찬해 주고 있다. 당연히 해야 할 것을 했는데도 말이다.

그 동안 제조 현장에서는 당연히 해야 할 것('불량률=0'의 목표 달성 또는 감소)에 대해서도 시상을 하고, 용기를 주고, 격려를 해주었다. 그래서 공장에서는 당연히 해야 할 불량을 잡기 위해 밤늦도록 연구하고 토론하는 등의 개선활동을 하고 있다. 그 결과 제조업에서는 매년 제안 건수가 증가하고 있고, 제안의 효과도 높아졌으며, 제안도 매우 활성화 되었다. 제안으로 인해 원가가 많이 절감되고, 불량이 감소되고, 재고도 줄고, 품질도 향상되어 이제는 한국 제품이 세계 어디를 가도 품질 면에서는 뒤지지 않을 정도가 되었으며, 100ppm에서 6시그마를 추진 할 정도로 자신을 갖게 되었다.

당연히 해야 할 일이라고 하여 제안으로 인정하지 않고 포상해 주지 않았다면 과연 오늘날과 같이 우리 기업들의 품질이 6시그마에까지 이를 수 있었겠는가? 이는 당연히 해야 할 사항이라도 제안으로 인정해 준 결과인 것이다.

6) 일상적인 업무 처리는 당연한 것

제조업에서 '불량률=0'이 당연한 것이라면 사무 간접·서비스 부문에서 '당연히 해야 할 일'은 무엇인가? 사무 간접·서비스 부문에서 당연히 해야 할 일은 주어진 업무 목표를 달성하기 위해 열심히 일하는 것이다. 업무 목표를 달성하기 위해 자료를 만들고, 정보를 창출하며, 거래처를 만나고, 회의를 하며 밤을 새기도 한다. 아침에 출근해서 퇴근할 때까지 하는 모든 일들이 곧 '당연히 해야 할 일들' 이다.

영업 담당자가 체계적으로 거래처를 관리하여 판매 목표를 달성한 것이나 매장 여사원이 웃는 얼굴로 손님을 맞이하여 매상이 올라간 경우, 전산 프로그래머가 프로그램을 잘 짜서 에러 없이 일을 효율적으로 처리한 경우, 조직 활성화를 위해 등산을 다녀온 경우들이 바로 '당연히 해야 할 일들' 이고, 그렇다면 이런 것들이야말로 훌륭한 제안이 되는 것이다.

생산 부문과의 차이가 있다면, 공장에서는 불량을 잡기 위해 자재 투입 순서를 바꾸고 효과가 나면 즉시 이를 제안한 반면 사무 간접 · 서비스 부문은 좋은 효과를 창출하고도 제안을 하지 않았다는 것이다. 생산은 제안으로 인정해 주기 때문에 제안을 하는 것이고, 사무 간접 · 서비스 부문은 제안으로 인정하지 않기 때문에 제안을 하지 않는 것이다.

사무 간접 · 서비스 부문은 생산 부문과는 차이가 있다고 말한 바 있다. 사실 생산 부문 입장에서 보면 전산 프로그램 에러를 잡는 것이 무슨 제안이 되겠느냐고 지적할 수도 있다. 그러나 생산 부문의 잣대로 사무 간접 · 서비스 부문을 재면 안 된다. 생산은 생산의 잣대로, 사무 간접 · 서비스는 사무 간접 · 서비스의 잣대로 재어 제안을 평가해 주어야 한다. 여자를 남자의 잣대로 보면 이해할 수 없고, 마찬가지로 남자를 여자의 잣대로 보면 전혀 이해가 되지 않는 것과 같은 이치라 할 수 있다.

7) 제안인가, 아닌가의 여부는 무의미

일본에 (주)중부라는 회사가 있다. 이 기업은 일본에서 1인당 제안 건수가 제일 많은 회사이다. 2001년도 1인당 연간 제안 건수가 8,055건이고 실시율도 100%이다(월간 '제안활동', 2003. 1). 일본의 2001년도 1인당 연간 평균 제안 건수가 19.9건, 실시율이 89.8%인 것에 비하면 엄청나게 제안을 많이 하는 회사이다.

좀 지나간 이야기이지만, 필자가 기업에 근무하면서 제안 벤치마킹 차원에서 몇몇 사람들과 함께 그 회사를 방문한 적이 있었다. 그 회사의 인당 제안 건수가 5,000건을 넘어섰을 때였다. 인당 5,000건을 제안하려면, 더구나 아이디어 상태가 아니라 실시 완료를 해서 제안을 하려면 적어도 월 500건은 해야 한다. 월 500건을 하려면 매일 20건씩은 제안을 해야 한다. 매일 20건씩 하려면 1시간에 2건 정도는 제안을 해야 한다. 그 기업의 제안 담당자에게 물었다.

"연간 1인당 5,000건 이상의 제안이라니, 도저히 상상이 가지 않습니다. 어떻게 제안활동을 하는지 설명을 해주시기 바랍니다."

그러자 그는 이렇게 답변해 주었다.

"이 이야기를 들으면 아마 웃으실 겁니다. 우리 회사는 영업 사원이 영업을 하기 위해 차를 몰고 나갈 때 안전벨트를 매고, 돌아와서는 안전벨트를 맸다고 제안을 합니다. 화장실 유리가 지저분한 것을 보고 이를 청소한 후 제안을 합니다. 심지어 휴지가 떨어져 있으면 휴지를 주워서 제안을 합니다."

이야기를 듣던 필자뿐만 아니라 참석한 일부 사원들도 웃었다. 휴지 줍는 것도 제안이라니, 그게 무슨 제안이란 말인가? 그러자 그 담당자는 이렇게 말했다.

"그래서 이야기를 시작하기 전에 여러분이 웃으실 거라고 말씀 드렸던 것입니다. 그런데 중요한 건, 우리 회사는 영업 사원이 탄 차가 크게 교통사고를 당하더라도 중상자는 없고 경상자만 있다는 것입니다. 안전벨트 매는 것을 제안으로 인정하니까 모두 안전벨트를 매기 때문이지요. 우리 회사는 청소하는 아주머니를 두지 않습니다. 사무실이 지저분하거나 휴지 한 조각이라도 떨어져 있으면 누군가가 와서 그것을 치우고 제안을 하기 때문입니다. 대부분의 기업들은 회의를 한 후 컵이나 과자 봉지 등을 그냥 놓고 갑니다. 청소하는 아주머니의 몫이라고 생각하는 것이지요. 하지만 우리는 그렇게 하지 않습니다. 모두 알아서 휴지를 치우고 청소를 하지요."

그러면서 그는 다음과 같이 힘을 주어 강조했다.

"우리는 제안인가 아닌가를 따지지 않습니다. 그런 걸 왜 따집니까? 무슨 이유로 따집니까? 적어도 우리 회사는 안전벨트 매기와 청소까지도 제안으로 인정하기 때문에 사원들이 스스로 안전벨트를 매고 청소를 합니다. 우리는 제안으로 새로운 기업 문화를 만들어 가고 있는 것입니다."

제안 담당자의 설명은 여기까지였다. 시간이 많지 않아 많은 질문은 하지 못한 채 그 회사를 나왔는데, 필자에게는 이 일이 작지 않은 충격이었다. '그래, 바로 저거야. 저게 바로 제안활동이야.' 라는 생각이 들었다.

8) 시상금이 없다면 과연 제안 여부를 따질까?

기업에서 제안이냐 아니냐를 구분해야 하는 이유는 바로 시상금 때문이다. 당연히 해야 할 일에 대해서는 이미 월급으로 보상되고 있는

데, 다시 제안 시상금을 주면 이중 지급이 되는 듯 느껴지기 때문이다. 그렇다면 '당연히 해야 할 일'에 대해서는 시상금을 조금 줄여서 지급하면 된다. 시상금은 상황에 따라 얼마든지 조정할 수 있기 때문이다.

그런데도 제안이냐 아니냐를 놓고 왈가왈부하는 것은 유형 효과가 5,000만 원 이상이면 2등급으로서 시상금 10만 원을 지급한다고 미리 시상금 제도를 정해 놓았기 때문이다. 그리고 모든 사람들이 이 제도에 얽매여 심사를 한다. 제도를 만들어 놓았으니 제도에 맞게 운영을 해야 하는 것이다. 만약 시상금 제도가 없다면 제안이냐 아니냐를 따질 필요조차 없을 것이다. 제도 때문에 생긴 고민이라 할 수 있다.

제도는 일이 잘되도록 하기 위한 것으로, 형편과 상황에 따라 적절하게 대응하도록 만들어야 한다. 그런데도 시상금 지급 제도라는 것을 미리 만들어 놓고, 모든 것을 여기에 꿰어 맞추려고 하니 부작용이 생길 수밖에 없다. 제도에 얽매이지 않고 유연하게 운영한다면 좋은 내용들이 사장되지 않고 수면 위로 떠올라 기업 경쟁력에 많은 도움을 주게 될 것이다. 개선이 되지 않더라도 제안으로 인정해 주고, 당연히 해야 하는 업무 처리 역시 제안으로 인정해 주어야 한다.

3. 가장 좋은 제안의 대상은 업무 목표

1) 지금 내가 하는 일이 경쟁력이 있어야 한다

제안의 범위는 원가 절감, 품질 향상, 생산성 향상, 문제 제거 등 회사 경영에 유익한 모든 분야를 포함하고 있지만, 대부분의 기업에는 제안의 대상에서 제외되는 것들이 있다. 즉, 경영 계획에 포함된 업무나 상사로부터의 수명 사항, 연구개발 계획 등 평상시의 업무는 제외되어 있다.

그런데 제안 대상에서 제외된 것들을 자세히 살펴보면 회사에서 가장 중요하고, 우선적으로 처리해야 하며, 반드시 달성해야 하는 핵심적인 업무이다. 경영 계획이 그렇고, 상사의 수명 사항은 반드시 달성해야 하는 긴급 업무이며, 매일 매일 접해야 하는 판매율 향상을 위한 대책 수립 등 어느 것 하나 소홀히 할 수 없는 중요한 것들로서, 이들 업무는 경영 성과에 직접 기여하는 매우 중요한 업무들이다.

이렇게 회사에서 0순위 업무로 취급되는 중요한 업무를 제안제도에서는 왜 제외시키는 것일까? 회사에 이익을 주는 것이 제안제도라면서 정작 회사에서 제일 중요하게 여기는 것을 제외시킨다면 무엇을 대상으로 제안을 해서 회사 경영에 기여한단 말인가? 이것들을 제외시키고는 제안이 기업 경쟁력에 기여할 수가 없다. 일상적인 업무가 제안에서 제외되므로 직원들은 더 이상 좋은 아이디어를 내지 않게 되어 매너리즘에 빠지게 되는 것이다.

직원들은 경영 계획이나 수명 사항 처리, 업무 목표 달성 등을 위해 아침부터 저녁까지 씨름하면서 하루를 보낸다. 어떻게 하면 과거보다 더 잘할 수 있을지, 어떻게 하면 효율적이고 효과적으로 일을 할 수 있을지 쉴 새 없이 머리를 쓰고 아이디어를 짜낸다. 제안이 무엇인가? 제안은 곧 개선을 하자는 것이고, 이를 통해 회사가 좋아지도록 하자는 것이 아닌가? 그렇다면 임직원들이 업무 목표 달성을 위해 짜내는 아이디어만큼 좋은 제안이 또 어디에 있겠는가? 호랑이를 잡으려면 호랑이 굴에 들어가야 하듯 경영 성과에 기여하는 제안제도가 되게 하려면 경영 성과를 나타낼 수 있는 업무를 배제하지 말고 직접 대상으로 삼아

110

적극적으로 제안을 하도록 해야 한다. 그래서 제안을 통해 경영 성과를 올려야 한다.

그렇다면 생산 부문의 업무 처리는 무엇이고, 사무 부문의 업무 처리는 무엇이며, 서비스 부문의 업무 처리는 무엇인가? 생산 부문의 당연한 업무 처리 내용은 품질 향상 및 원가 절감이고, 사무 부문의 당연한 업무 처리 사항은 의사 결정을 하기 위해 정보를 만드는 일이며, 서비스 부문에서의 당연히 해야 할 업무 처리 사항은 바로 고객 만족이다. 이런 것들이 바로 내가 지금 하고 있는 일들이다. 출근해서 퇴근할 때까지 내가 하는 업무들인 것이다.

2) 가장 좋은 제안 대상은 부서 목표, 부서 미션

가장 좋은 제안의 대상이 지금 내가 하는 일이라면, 그 근본은 부서의 목표 달성 및 부서의 업무 분장에 따른 부서의 미션이 된다. 가장 좋은 대상은 내 부서의 목표가 달성되고 내 부서가 해야 할 일을 하도록 아이디어를 내고 개선을 하는 것이다.

일반적인 제안 규정에는 제안의 대상이 너무 포괄적으로 되어 있어 어떤 때는 과연 무엇을 해야 하는지, 신입 사원들의 경우에는 어떤 것이 품질 향상을 할 수 있는 것인지 고민하게 된다. 가장 좋은 제안의 대상을 부서의 업무 목표 및 부서의 업무 분장으로 만들어 주는 것이 좋다.

전산팀의 제안 대상은 전산 프로그램이 잘되도록 하는 것이고, 자재팀의 제안 대상은 자재 구매 및 운영에 관한 내용이 되어야 하며, 품질관리팀은 전사 품질을 관리하는 방법이 제안의 대상이다([표 2-7] 참고).

[표 2-7] 제안 대상의 변경 사례

제안 규정	현행	변경
제안의 범위 (K 기업)	- 경영 합리화, 업무 개선, 사기 향상 등 회사 및 임직원과 관계 있는 모든 사항을 대상으로 한다. 이를 개선하기 위해 창의적 의견이나 고안 등을 제시하는 것이며, 또한 업무 개선까지도 그 영역으로 둔다.	회사의 업무 목표를 달성하고, 개인별 업무 분장에 준하는 업무와 관련된 모든 사항을 포함한다.

제안의 범위
(H 기업)
	- 사무 및 작업 능률 향상
	- 가동률, 수율, 품질, 생산성 향상
	- 신제품/신기술의 개발 및 기존 제품의 용도 개발
	- 제조 기술 및 관리 방식의 개선
	- 안전 및 작업 환경의 개선
	- 자동화 및 국산화에 관한 사항
	- 시장 개척 및 판매 촉진 사항
	- 건전한 직장 사풍 만들기
	- 제도, 방침, 관리 등에 관한 개선 사항
	- 기타 회사 발전에 유익한 사항
		- 팀 업무가 제안의 대상(ISO 규정상 각 팀의 업무 분장이 각 팀의 제안 대상)
		예) 생산 관련 업무 분장
		- 생산 및 생산에 관련된 제반 업무
		  • 생산성 향상 업무
		  • 품질 자주 검사
		  • 작업 표준화 업무
		  • 생산 관련 분석 및 보고 업무
		- 원·부자재 소요량 산출
		- 현장 내 원·부자재 실물 관리
		- 생산 설비, 치공 기구 자주 관리

업무제안

1. 제안과 업무는 별개라는 인식

1) 바빠서 제안을 못한다

제안 규정을 살펴보면 주지의 사실이나 특허받은 것, 팀의 업무 목표 및 상사의 지시 등 주로 업무에 관련된 것은 제안으로 인정하지 않고 있다.

〈제안 규정에 의한 제안 사항이 아닌 사례〉
다음의 사항은 제안으로 인정되지 않거나 불채택이 된다.
① 일반적으로 널리 공지되었거나 사용되고 있는 것
② 특허권 · 실용신안권 · 의장권을 취득한 것
③ 이미 제출한 제안, 회사가 연구 · 실험한 것과 동일하거나 유사한 내용
④ 구체적인 개선 내용이 없거나 실현 불가능한 내용

⑤ 단순한 주의 환기·지정·비판·건의 또는 불만을 표시하는 내용에 불과한 것

⑥ 소속 부서의 분장 업무 사항으로, 이미 구체적 운영 계획이 수립된 업무

⑦ 상사 또는 상급 부서의 구체적인 지시로 시행한 것

⑧ 직무상 당연히 수행해야 할 일상 업무와 관련된 내용

⑨ 감사팀에서 지적하여 개선한 사항

이러다 보니 제안자들은 자신이 하는 일이 대부분 팀의 업무 목표 사항이나 상사의 지시 사항을 이행하는 것인데, 이것에 대해서는 제안으로 인정해 주지 않으므로 '내 업무는 제안이 아니구나.' 하는 생각을 갖게 된다([그림 2-12] 참고).

그런데 회사에서는 자꾸 제안을 하라고 하므로 제안자들은 자신의 업무 외에 다른 곳에서 제안 거리를 찾게 된다. 그래서 환경이나 utility 등에서 많은 제안이 나오고, 타 부서 및 전산 시스템 개선, 화장실, 회의실, 팩시밀리, 생수기 등 주위 환경에 대한 제안들이 쏟아져 나오게 된다. 이렇듯 타 분야의 제안만을 찾다 보니 "바빠서 제안을 못하겠다."는 말들이 나오는 것이다. 왜 바쁜가? 내 업무 하느라 바빠서 다른

[그림 2-12] 제안과 업무와의 관계

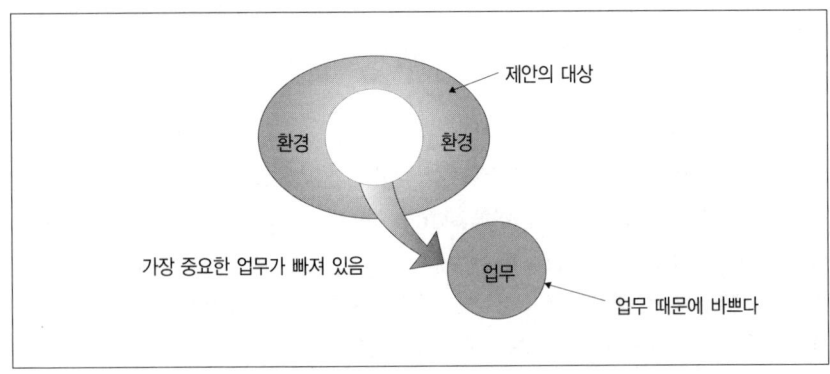

부분을 쳐다볼 시간이 없다는 것이다. 또한 '제안과 업무는 별개'라는 인식을 갖게 된다. 내가 아침에 출근해서 퇴근할 때까지 하는 일은 그저 업무이고, 그 업무 외에 다른 것이 제안이라는 생각을 갖게 되는 것이다.

2) 내 업무가 경쟁력 있어야 한다

사무실에서 나오는 제안들은 대부분 타 부서 제안, 전산, 화장실, 복사기 등에 관한 것들이다. 그런데 타 부서 제안은 잘 채택되지 않는다. 대부분이 그 부서의 잘못된(bad) 부분을 지적하는 것으로서, 부서장이 기분 나쁘게 생각해 거의 채택시켜 주지 않는 것이다. 전산 시스템 역시 잘 개선되지 않는다. 그래서 겨우 화장실이나 복사기 정도가 개선되는데, 사실 이런 것들의 개선이 회사 경쟁력에 얼마나 도움을 주겠는가? 화장실이 깨끗해지고 복사기 주변이 깨끗해진다면 물론 좋은 일이겠지만, 기업 경쟁력에는 별 도움이 되지 않는다. 그래서 대부분의 제안들이 실행이 되지 않는 저가치 제안들로 평가받는 것이다.

제안이 실질적인 경쟁력을 가지려면 업무 외적인 것에서 아이디어를 내지 말고 바로 내 업무가 잘되도록, 나의 결과물이 잘 나오도록 하는 아이디어를 내야 한다. 내 업무는 바로 경쟁력과 직결되기 때문이다. 만일 모든 직원들이 자신의 결과물이 잘 나오도록 매일 노력하고 아이디어를 낸다고 생각해 보라. 그 회사의 경쟁력은 단숨에 배가될 것이다.

3) 업무 처리가 제안이 되어야 하는 이유

사무 간접 부문의 일은 품의서로 시작하여 보고서로 끝난다고 해도 과언이 아니다. 회사의 업무 목표와 목표 달성의 관계는 시작과 끝의 관계이다. '목표'는 일의 시작이요 '달성'은 일의 끝이다. 그러나 중간 단계인 '과정'은 눈에 보이지 않는다는 이유로 소홀해지는 경향이 있는데, 과정은 아주 중요한 업무 추진 활동이다. '과정'이 충실하면 좋은 결과를 얻을 수 있다. 이 때문에 회사에서는 합리적인 평가를 위해 과정 관리를 해야 한다는 의견도 만만치 않다. 업무에 있어서의 과정은 아이디어 도출과 실천의 반복이다. 이렇게 업무 처리 과정에서 나오는 아이디어들이 곧 제안이 되므로, 업무 처리가 제안의 대상에 포함되어야 하는 것이다.

[그림 2-13] 제안의 대상에 업무를 포함

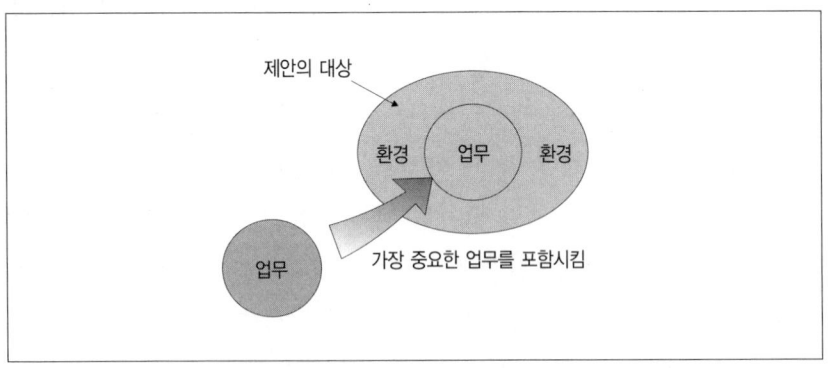

대부분의 직원들이 하는 일이란 업무 목표 달성과 상사 지시 사항의 이행이다. 그런데 이를 제외하고 제안을 하라니 무슨 제안 거리가 있겠는가? 제조 공장은 기계를 사용하기 때문에 무언가 제안할 거리가 있다지만 사무직은 제안할 거리가 아예 없다. 따라서 사무직에서는 업무 처리 과정에서 제안이 나와 주어야 한다. 업무에서 많은 아이디어가 나와서 업무가 잘 이루어져야 한다. 이것이 바로 업무제안의 중요성이다.

2. 업무제안의 개념

1) 업무제안의 정의

업무제안이란 회사나 부서의 업무 목표를 달성하기 위해 직원이 제시하는 각종 아이디어를 제안으로 인정하여 처리하는 제안 방식이다. 즉, 업무 시간 중 처리하는 모든 것들을 제안으로 인정하는 것이다.

업무제안은 업무를 제안으로 인정하지 않는 일반 제안과 비교해 다음과 같은 차이가 있다.

[표 2-8] 일반 제안과 업무제안의 차이

구분	일반 제안	업무제안
제안 대상	업무 외적인 것, 주변의 업무 환경	업무가 대상, 업무 목표
제안 효과	절감 효과, 경제 효과	업무 목표 달성, 직접 효과
측정 여부	검증 및 측정 곤란	측정 가능(목표 대비 달성도)
경영 기여도	회사 경영과 관련 없는 분야 존재	모든 것이 회사 경영과 직접 관여
결과 입력	산출 근거 반드시 제시	최종 개선 결과치만 입력
결과 평가	제안 심사표에 의한 심사자의 평가	업무 목표에 의한 회사의 평가
제안 참여	전원 참여(선택) 강조	전원 참여(필수) 및 임원 참여
경영층 참여	소극적 참여	적극적 참여(본인들의 일)

업무제안에서는 경영 계획 및 부서의 업무 목표 자체가 제안의 대상이다. 제안의 효과도 업무 성과로 나타난다. 제안의 결과가 바로 업무 성과인 것이다. 업무제안은 제안과 업무를 동일한 것으로 취급하여 제안을 잘하는 사람이 업무도 잘한다는 인식을 갖게 되는 제안활동이다.

2) 업무와 제안은 동일한 것

기존 제안에서는 상사의 지시 사항은 제안이 될 수 없었다. 그런데 업무제안에서는 상사의 지시 사항도 제안이 된다.

[표 2-9] 상사의 지시 사항에 대한 제안 인정 여부

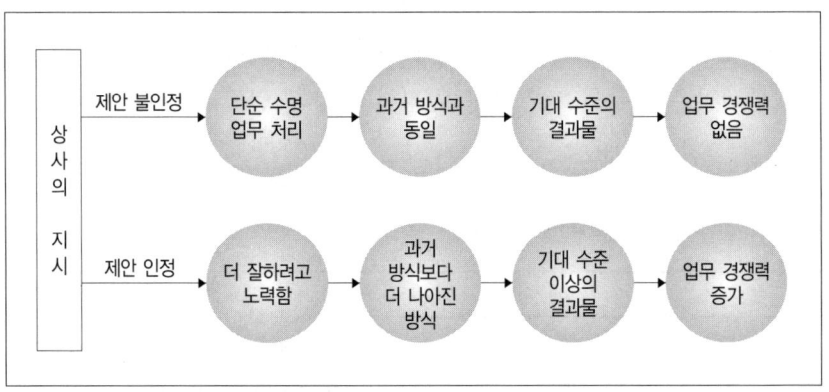

기존 제안에서는 상사의 지시 사항을 제안으로 인정하지 않으므로 단순 수명 업무를 수행하게 된다. 수명 업무, 즉 지시받은 일을 하게 되면 대부분 지난 방식을 복사해서 과거와 동일하게 처리하게 된다. 그렇게 되면 지시자가 기대한 수준의 결과물은 나오겠지만 업무 경쟁력은 전혀 없다. 새롭게 할 생각은 하지 않고 그저 지나간 것을 베끼니 업무 경쟁력이 있을 리 없다. 1년 전 보고서나 5년 전 보고서의 내용이 똑같다.

그러나 상사의 지시 사항도 제안으로 인정하게 되면 포상과 연계되어 보상을 받게 된다. 보상이 따르는 일이라면 생각이 달라진다. 과거보다 나은 방식으로 일하고자 노력하게 된다. 노력에 대한 결과물의 질(Quality)은 당연히 높아지고, 지시자 입장에서는 기대 수준 이상의 결과를 얻게 된다. 즉, 상사의 지시 사항도 제안으로 인정하면 보고서의

모습도 달라지고, 그것으로 인해 업무 경쟁력도 높아지게 되는 것이다.

그런데 사원들은 왜 업무 처리에 노력을 기울이지 않을까? 보상이 없기 때문이다. 열심히 보고서를 만들어도 상사는 그저 당연히 해야 할 일을 한 것이라고만 생각한다. 칭찬도 없고, 보상도 없다. 이러니 노력하고자 하는 마음이 생기지 않는 것이다.

그러나 생산 부문에서는 그렇지 않다. 품질 향상은 당연히 해야 할 일이지만 품질 향상에 대한 아이디어를 내어 제안을 하면 이를 칭찬해 주고 포상도 한다. 인정을 해주는 것이다. 공장에서 불량을 잡고 품질을 향상시키기 위해 밤늦도록 토의를 하고 분임조 활동을 하는 이유는 바로 '보상'이 있기 때문이다. 만약 당연한 것을 왜 제안했느냐고 질책한다면 아마 공장에서도 품질 향상을 위해 더 이상 노력하지 않았을 것이고, 오늘날과 같은 품질이 나오지 못했을 것이다.

3. 업무 보고서도 제안이다

1) 보고서 작성에는 아이디어가 들어간다

보고서를 작성할 때는 자료를 수집하고, 분석하고, 판단하는 등 사람의 아이디어가 들어간다. 예를 들어, 업무 목표에 간부 교육 실시가 포함되어 있다고 하자. 교육 담당자는 이 업무 목표를 달성할 방법을 생각하게 된다. 교육 시기, 장소, 시간, 강사에 대해 끊임없이 생각하게 되고, 이 중 가장 합리적이고 효율적인 어떠한 결론에 도달하게 되며, 이를 결재받아 실천에 옮김으로써 업무 목표를 달성하게 된다. 이렇게 교육 실시에는 많은 아이디어가 포함되어 있다. 아이디어가 포함되어 있다는 것은 곧 실시제안을 했다는 뜻이다.

　제안 사무국에서 제안 실적을 보고하는 보고서도 제안이 된다. '사례 1'처럼 어떤 팀의 4월 제안 실적을 냈다고 할 때, 팀장은 '심순애'가 제안을 가장 잘하는 것으로 생각한다.

[사례 1] OO팀 4월 제안 실적

이름	제출	채택
홍길동	16	12
이순신	9	8
심순애	34	4
계	59	24

[사례 2] OO팀 4월 제안 실적

이름	제출	채택	채택률(%)	지난달 실적		
				제출	채택	채택률(%)
홍길동	16	12	75%	12	5	42%
이순신	9	8	89%	52	50	96%
심순애	34	4	12%	2	0	0%
계	59	24	41%	66	55	83%

정보의 질을 높이기 위해 아이디어와 노력 투입 → 제안활동

　그러나 이 보고서를 '사례 2'처럼 보고하게 되면 상황은 달라진다. '사례 2'에서는 제안을 가장 잘하는 사람이 '심순애'가 아니라 '이순신'임을 알 수 있다.

　이 경우, 우리는 의사 결정 및 사람을 판단할 때 '사례 1'의 보고서보다는 '사례 2'의 보고서가 더 정확한 정보를 제공해 주고 있음을 알 수

있다. '사례 2' 보고서에는 '사례 1' 보고서보다 더 많은 아이디어와 정보가 들어 있다. 만약 4월 제안 실적을 그래프로 그리면 정보의 질이 더욱 높아져 상사는 한눈에 모든 것을 파악할 수 있게 된다.

2) 정보의 질을 높이는 것은 제안활동이다

'사례 1'보다는 '사례 2'가 정보의 질을 높여 주었다. 정보의 질을 높였다는 것은 상사가 올바른 의사 결정을 하도록 최종 결과물인 정보를 더 많이, 더 정확하게 주었다는 의미이다. 사무직에서 업무를 처리하고 보고서를 쓸 때 정보의 질을 높였다는 것은 생산 부문에서 제품의 질을 높인 것과 동일한 것이다. 생산 부문에서 품질을 높여 주는 것이 제안 이듯 사무 부문에서 정보의 질을 높여 주는 것 역시 제안이다.

그러므로 '사례 2'와 같은 보고서는 아주 좋은 제안이 된다. 만약 그래프로 그린다면 그것 역시 정보의 질을 높여 주었으므로 제안이 된다. 이렇게 보고서도 제안으로 인정하면 보고서를 작성할 때 신경을 쓰게 되고, 보고서의 질은 나날이 좋아지게 된다. 실지로 KT는 업무제안을 실시하는데, 품의서 및 보고서 등이 개선활동의 산출 근거가 된다. 기획팀에서 지식경영 추진 계획을 작성해서 결재가 나면 이것을 개선제안 실시 보고서로 제안한다.

도시가스 업종 중에는 지역 관리소라는 곳이 있다. 지역 관리소는 각 가정과 사무실에서 도시가스를 얼마나 사용하는지 검침을 한다. 이 내역을 전달받은 본사는 내역서에 따라 요금을 고지한다. 그런데 가끔은 요금 고지서가 반송되거나 요금을 내지 않는 경우도 있다. 불량이 발생하는 것이다. 집 주인이나 사무실 주인이 바뀌는 경우 고지서가 반송되거나 누락되기 때문이라고 한다.

도시가스 사용량 검침 업무는 지역 관리소 소속의 주부 사원이 맡고 있다. 이들은 항상 고객과의 접점에 있기 때문에 주인이 바뀌면 바로 알게 된다. 하지만 대부분은 이 사실을 회사에 알리지 않고 자신만 알고 지나치게 되므로 회사에서는 고객 정보가 최신 정보로 update되지 않은 상태에서 고지서를 발부하게 된다. 그 결과 고지서가 반송되거나, 발부되더라도 수금이 잘 안 되는 것이다.

주인이 바뀌면 그 사실을 본사에 알려야 하는 것은 주부 사원이 당연히 해야 할 일이다. 그런데 어떤가? 그냥 지나치지 않는가? 그래서 불량이 생기는 것이다.

이 경우, 주부 사원이 고객의 바뀐 정보를 본사에 알리는 것도 제안이다. 왜 제안인가? 본사의 정보의 질을 높여 주었기 때문이다. 본사는 정보의 질이 높아졌기 때문에 항상 최신의 정보를 보유하게 되고, 그로 인해 고지서 발부도 불량이 나지 않게 된다.

4. 제안은 업무에 바퀴를 달아 주는 것

1) 제안은 업무를 잘하라고 준 것이다

기업에서 제안제도를 도입하면 제안자들은 제안에 대해 많은 스트레스를 받는다고 한다. 기업에 가서 면담을 해보면 제안이 활성화된 회사나 그렇지 않은 회사 모두 제안에 대해 심한 스트레스를 받고 있는 것 같다. 정말 기업에서 사원들에게 스트레스를 주려고 제안제도를 도입했을까? 그것도 시상금까지 주면서? 아닐 것이다. 기업이 어떤 곳인가? 단돈 10만 원을 쓰더라도 효과를 파악해서 결정한다. 효과가 나지 않거나 부작용이 날 경우에는 집행을 하지 않는 것이 기업이다.

　제안제도도 충분한 검토와 분석을 통해 도입되었다면 스트레스 요인이 아니라 직원들을 도와주는 긍정적인 제도가 될 것임에 틀림없다. 직원들이 제안에 대해 스트레스를 받게 된 건 제안제도 운영을 잘못했기 때문이다. 기업에서 제안을 도입한 것은 직원들이 일하는 데 힘들어하므로 일을 편하고 효율적으로 할 수 있도록 모든 사람에게 바퀴를 달아 준 것이다.

[그림 2-14] 업무에 바퀴를 달아 주는 제안

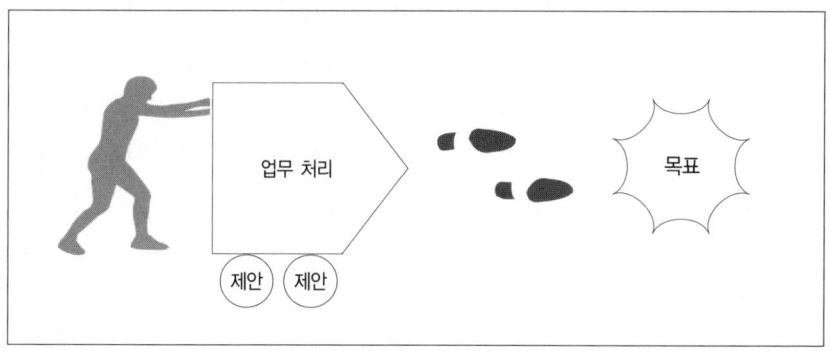

2) 제안의 책임은 나에게도 있다

　바퀴를 달고 일을 하면 보다 쉽게, 보다 효율적으로 처리할 수 있게 될 것이다. 이렇게 바퀴를 달아 주자 3가지 유형의 반응이 나타났다.

　첫번째, 바빠 죽겠는데 왜 이런 제도를 도입해 스트레스를 받게 하느냐는 유형이다. 이런 유형의 사람들은 제안제도를 없애자는 제안을 하게 된다.

　두 번째, 회사에서 바퀴를 주니 달긴 달지만 효과를 내지는 못하는 유형이다. 이들은 저가치 제안이나 채택되지 않을 제안을 몇 건 하고는 바퀴를 달았는데도 별 효과가 없었다고 말한다.

세 번째, 제안이라는 바퀴를 달아 주자 이를 잘 활용해서 자신의 업무 성과도 내고, 제안 시상금도 많이 타 가는 유형이다. 이들은 제안제도를 잘 활용하여 경영에도 많은 기여를 한다.

기업에서의 제안에 대한 반응은 대부분 이 3가지 중 첫번째 유형에 속한다. 이것은 제안에 대한 잘못된 개념과 고정관념 때문이다.

제안은 모든 사원들에게 업무를 잘 처리하라고 바퀴를 달아 준 것과 같다. 모두에게 공평하게 바퀴를 주었지만 연말에 가면 분명한 차이가 생긴다. 제안을 통해 자기 보람과 성과의 기쁨을 맛보는 사원이 있는가 하면, 한 건의 제안도 하지 못해 제안 경쟁에서 뒤지는 직원도 있다. 제안이 잘 되고 안 되고는 제안 사무국의 책임도 있지만 제안자들의 책임도 크다. 제안을 활성화시키지 못한 내 탓이 큰 것이다.

5. 업무제안의 효과

1) 업무제안의 효과
업무제안을 하면 여러 가지 효과를 기대할 수 있다. 업무제안의 기대효과는 다음과 같다.

- 내 업무를 대상으로 제안을 하게 되므로 내 업무가 많이 개선되고, 이로 인해 업무 경쟁력이 향상된다.
- 내 업무를 잘하기 위해 더욱 노력(아이디어 창출)하게 되므로 적극

적인 업무 처리가 가능해진다.
- 매일 매일 더 잘해 보겠다는 생각으로 자기 계발이 된다.
- 제안활동을 부서 업무 목표 달성의 수단으로 활용함으로써 궁극적
  으로는 회사 경영 활동에 직접 기여하게 된다.
- 부서 목표 달성을 위한 지속적이고 신선한 아이디어 발굴 과정의
  제안을 일상생활로 정착시킬 수 있다.
- '나는 제외'라는 예외 의식 없이 전 직원 참여의 제안활동으로 시
  너지 효과를 극대화할 수 있다.
- 개선 의식 함양으로 목표 달성을 위해 뭉치는 신바람 나는 조직을
  유지할 수 있다.
- 목표 달성을 위한 각종 아이디어에 대해 부서원과의 충분한 토의
  로 공감대 형성 및 추진력이 배가된다.
- 자신의 아이디어가 부서 업무를 통해 회사 업무까지 전달되므로
  사기가 향상되며, 자아실현의 욕구를 달성할 수 있다.
- 사무 간접 부문 사원의 적극적인 제안 참여가 가능하다.
- 사무 부분도 제안 건수 및 실시 건수가 증가한다.
- 제안을 잘하는 사람이 일을 잘한다는 인식이 형성된다.
- 전 사원들이 자신의 업무를 더 잘하고자 노력(업무를 제안으로 인
  정해 주기 때문에)하게 되므로 업무가 많이 개선되고, 이로 인해 기
  업 문화가 적극적으로 바뀌게 된다.

2) 업무제안 실시 효과 사례(극동도시가스)

극동도시가스는 새로운 제안제도를 반영하여 업무제안을 실시하고
있는 기업이다. 업무제안을 통해 제안 건수도 급팽창했고, 업무 경쟁력

도 매우 높아졌다(이 회사의 사례는 뒤에 자세히 설명하기로 한다).

극동도시가스에서 업무제안으로 인해 나타난 모습 중 몇 가지를 간추리면 다음과 같다.

- 모든 사원들이 업무 참여에 적극적이고, 사고도 긍정적으로 변했다.
- 처음에는 '요구 사항 관철'이 제안이라고 생각했는데, 점차 업무 개선 쪽으로 사고가 변모하고 있다.
- 제안제도가 불만 사항의 창구뿐 아니라 업무 개선의 창구 역할까지도 감당하고 있다.
- 업무에 대한 관심 및 연구 분위기가 조성되었다.
- 요구성 성향의 제안에서 참여 성향의 제안으로 바뀌었다.
- 제안을 통해 업무에 적극성을 가지게 되었다.
- 잘못된 업무에 대한 견제 기능이 생겼다.
- 사원간의 상호 커뮤니케이션 활성화로 업무 개선 및 동료애가 형성되었다.

제 5 장

인재양성제안

1. 인재양성제안의 등장 배경

1) 사람이 핵심

B.C. 7,000년경 농업 혁명이 일어나 인간은 정착 생활을 하게 되었고, 18세기에는 산업 혁명이 일어나 대량 생산 방식에 따라 생산성 향상과 기술이 증대되어 생활의 편리함을 추구하게 되었다. 20세기에 들어서자 인터넷 혁명을 통해 지식이 급속하게 전파되어 국민 모두가 쉽게 지식을 접할 수 있는 지식 정보화 사회를 맞게 되었다.

'지식' 이란 사람이 알고 있는 사실이다. 기업의 가치를 평가하는 무형의 자본도 최고 경영층의 리더십, 기업 문화, 사원들의 아이디어 등 소프트적인 요소인데, 이 모두가 사람으로부터 생성된다. 리더십도, 아이디어도, 경험과 노하우도 모두 사람 안에 있으며, 사람으로부터 나온다. 결국 기업이 경쟁력을 가지려면 유능한 사람을 확보해야 하고, 사람을 육성해야 하고, 사람의 의욕을 불러일으켜야 한다.

2) 기업 경쟁력이 품질에서 점차 사람 중심의 서비스로 이행

한국은행의 통계에 따르면 명목 국내 총생산(GDP) 대비 서비스 산업 비중은 1993년에 50%를 넘어선 후 꾸준한 상승세를 보여 1998년에는 52.7%에 이른 것으로 추정된다. 이 정도로 서비스 비중은 매우 높아졌다. 소득 수준이 향상되고 물자가 풍족해지면서 소비자의 니즈가 하드 중심의 상품에서 소프트 중심의 브랜드나 디자인을 중시하게 되어 상품의 하드적 가치(품질, 가격)는 기본이고 같은 값이면 소프트적 가치(브랜드나 서비스)가 높은 것을 우선적으로 구매하는 현상이 나타나게 되었다. 이로 인해 제조업도 2.5차 산업(0.5차는 서비스 요소)으로 불리고, 기업의 경쟁력도 원가·품질에서 서비스·스피드로 바뀔 만큼 서비스가 중요한 요소로 자리매김하고 있다.

서비스의 비중이 높고 중요하다는 것은 곧 사람이 차지하는 비중이 높고 중요함을 의미한다. 제조의 중심이 제품을 만드는 '설비'라면 서비스의 중심은 서비스를 제공하는 '사람'이기 때문이다.

3) 종업원은 이제 기업의 주인이다

과거에는 종업원과 기업주 사이가 주종, 대립의 사이였지만 지금은 서로 협조하는 상생(win-win)의 시대로 바뀌었다. 직원들의 존재는 이제 기업과 국가 산업의 경쟁력 차원에서 고려해야 할 중요한 쟁점으로 떠오르고 있다. 직원들의 활력이 떨어지면 기업의 실적과 바로 연계되기 때문에 직원들의 사기나 적극성, 도전 의욕, 주인 의식은 회사 발전에 매우 중요한 요소가 된 지 오래이다.

이런 의미에서 본다면 직원들은 더 이상 조직의 부속품, 기계의 톱니바퀴 같은 존재가 아니라 전체 공정의 일부를 맡아 머리를 써서 일하는 소중한 존재들인 것이다(빌 게이츠, 1999). 직원들을 기업의 주인으로 인식하여 많은 투자와 더불어 더 나은 도구를 쥐어 주고 더 복잡한 일을 맡기면 그들은 책임감을 갖고 더욱 열심히 일하게 된다. 이제는 종업원들도 경영 마인드를 가지고 일하고 있다는 사실을 인식해야 한다.

2. 인재양성제안의 개념

1) 인재양성제안의 정의

인재양성제안은 제안의 대상을 제품이 아닌 사람에 둔다. 이 제안의 궁극적인 목적은 제안활동을 통해 사람의 실력, 즉 인질(人質)을 향상시켜 직장에서 보람차게 일해 업무 성과를 내고 긍정적인 사고방식 및 자기 계발, 일의 보람을 갖도록 하는 데 있다. 즉, 제안의 방향 및 벡터(vector)를 제품의 질 향상이 아닌 기업 내 사람의 질 향상에 두고 힘을 모아 보자는 것이다.

그렇다고 기존 제안활동의 기본 사상이나 대상을 근본적으로 바꾸자는 것은 아니다. 제안 대상을 확대하여 기존의 품질 향상 제안활동에 인재양성제안활동을 추가함으로써 제안활동을 좀더 강화하고, 기업 경영 환경 변화에 맞는 제안활동을 하자는 것이다.

이런 뜻에서 본다면 인재양성제안이란 기업에 속한 직원들의 실력을 강화하기 위해 제안의 대상을 기존의 품질 중심에서 사람 육성으로 확

대하여 사람의 노력이 스며들어 있는 개선 과정까지도 평가해 주는 제
안활동이라고 정의할 수 있다.

2) 인재양성제안의 개념

인재양성제안의 개념을 그림으로 표현하면 다음과 같이 나타낼 수
있다.

[그림 2-15] 인재양성제안의 개념도

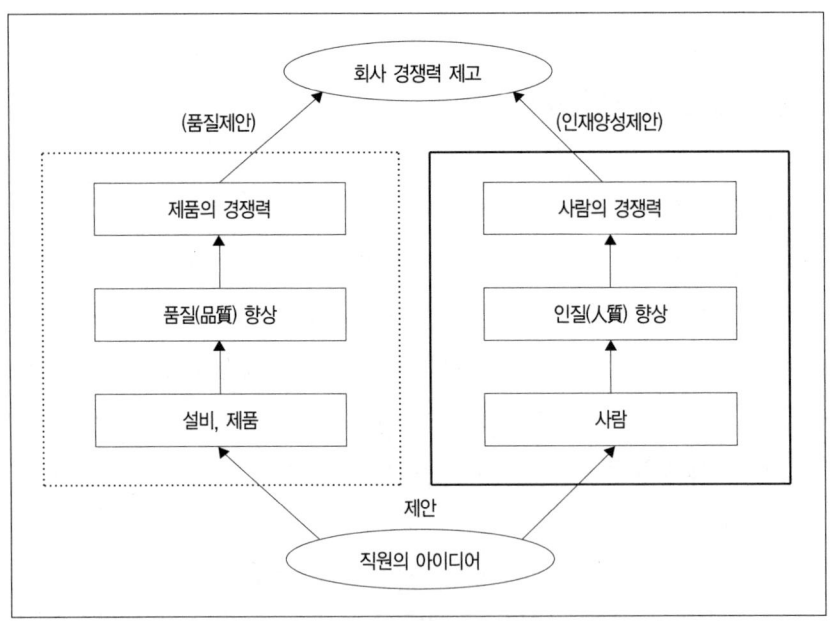

인재양성제안을 하게 되면 사원들의 아이디어를 사람에게 집중하여
사람의 질을 향상시키게 된다. 사람의 질이 향상되면 사람이 경쟁력을
갖게 될 것이다. 사람이 경쟁력을 갖게 되면 그 사람이 속한 기업도 경
쟁력을 갖게 될 것이다. 품질만 좋다고 경쟁력을 갖는 건 아니다. 사람

130

이 경쟁력을 가져도 회사는 경쟁력을 얻게 되는 것이다.

물론 기업에 직원의 실력이나 개발 등을 위한 기존의 제안활동이 없어서 인재양성제안을 추진하는 것은 아니다. 기존의 제안활동에도 사원들의 자기 계발이나 의식 향상을 위한 것들이 있었다. 하지만 대부분 우선순위에서 밀려 있고 제안활동 비중 차원에서도 너무 미약하기 때문에 시대 변화에 맞게 사람의 실력 향상도 품질 향상과 동등하게 취급하자는 것이다. 즉, 제안활동을 통해 품질도 개선하고 직원의 실력도 향상시켜 강력한 경쟁력을 갖자는 것이다.

3. 인재양성제안의 전개 방법

1) 제안 대상을 사람 육성에 집중

제안을 할 때는 품질 향상에 인질(人質) 향상을 더하여 중점을 둔다. 사실 정보 통신의 발달로 많은 공장들이 자동화, 시스템화하여 제품의 질은 매우 좋아졌고, 불량 목표도 100ppm에서 6시그마로 미세해져 이제 더 이상 개선할 것이 없다고 할 정도이다.

품질 향상을 위해 계속해서 제안하는 것도 바람직하다. 하지만 이제 품질만큼 사람의 질도 중요하게 여겨지고 있다. 이에 직원들이 일의 재미와 보람을 느끼고 주인 의식을 갖도록 하기 위해 이들을 위한, 이들을 대상으로 하는 제안을 해야 한다.

사람을 대상으로 한다는 것은 사람의 실력 향상을 위한 제안활동을 뜻한다. 즉, 부하 사원을 양성하고 상사의 실력을 향상시킬 수 있는 방법을 모색하는 것이다. 여기에는 직속 상사가 부하 사원을 육성하는

'top-down 방식'과 부하가 상사의 실력을 향상시키는 'bottom-up 방식'이 있으며, 동료가 동료를 키우는 방법도 있다.

인재양성제안활동에서는 이 모든 방법을 동원하여 직원들이 직원들에게 제안한다. 흔히 인재를 키우는 것은 교육 부서에서나 할 일이고, 경영자의 몫이라고 생각하기 쉽다. 그러나 제안활동을 통해서도 얼마든지 인재를 양성할 수 있으며, 실력도 향상시킬 수 있다.

2) 제도 중심 교육에서 실력 향상을 위한 교육으로

제안의 개념 및 운영 시스템, 활성화 기법 등에 대한 제안제도 위주의 교육은 이제 제안자의 실력을 향상시키는 여러 가지 교육으로 바뀌어야 한다. 오늘날의 경영 환경은 새로운 인재상을 요구하고 있다. 그러므로 기업에서는 직원의 실력 향상을 위한 여러 가지 교육을 실시함으로써 제안의 범주에서 개별적으로 전개해 온 개선활동을 기업의 여러 가지 경영 활동과 연계시켜 경영 성과를 창출하도록 한다.

제안자에게 개선에 필요한 모든 교육과 기획력 향상에 관한 교육, 문제 해결 능력 향상을 위한 교육, 조직간 갈등을 해결할 수 있는 교육, 개선활동의 활성화 교육, 관리 능력 강화를 위한 교육, 신지식인 활동 교육, 정보화 사회를 이끌어 나갈 수 있는 리더십 교육, empowerment 를 실천할 수 있는 교육 등을 실시하여 직원들로 하여금 업무 성과를 창출할 수 있는 리더, 문제 해결 리더, 조직 활성화 리더, empowerment 리더로서의 역할을 담당하도록 해야 한다.

제6장

지식제안

1. 지식제안의 정의 및 개념

1) 지식제안의 정의

많은 기업들이 현재 지식제안을 추진하기 위해 노력하고 있다. 한국
능률협회컨설팅의 제안 전문가 박철희 위원은 개선을 넘어 지식제안으
로 가야 한다고 주장한다. 지식제안이란 사원의 경험과 노하우를 개
선·개발하여 회사 경영의 제품, 서비스, 시스템 내에 부가 가치를 창
출하는 제안으로 등록하는 것이라고 한다(박철희, '지식제안 이렇게 실
천하라', 2000).

지식제안은 지식경영과는 떨어질 수 없는 밀접한 관계이다. 지식경
영의 필요성이 제기되면서 지식제안이 나왔기 때문이다. 그래서 필자
는 지식제안을 지식경영과 연계시켜서 정의하였다. 즉, 지식제안이란
제안인을 지식인으로 키우고 제안으로 지식을 창조·활용하는 방법으

로, 기존의 제안제도에 지식경영의 개념을 추가하여 제안을 부가 가치가 높고 질적인 제도로 Level-up시키는 제안활동이라고 정의한다.

2) 지식제안의 개념도

지식제안은 지식경영 시스템을 이용하거나 지식경영 시스템과의 연계를 통해 추진해야 한다([그림 2-16] 참고).

지식제안을 추진하기 위해서는 기존의 제안 프로세스를 유지하면서

[그림 2-16] 지식제안과 새로운 지식 창조

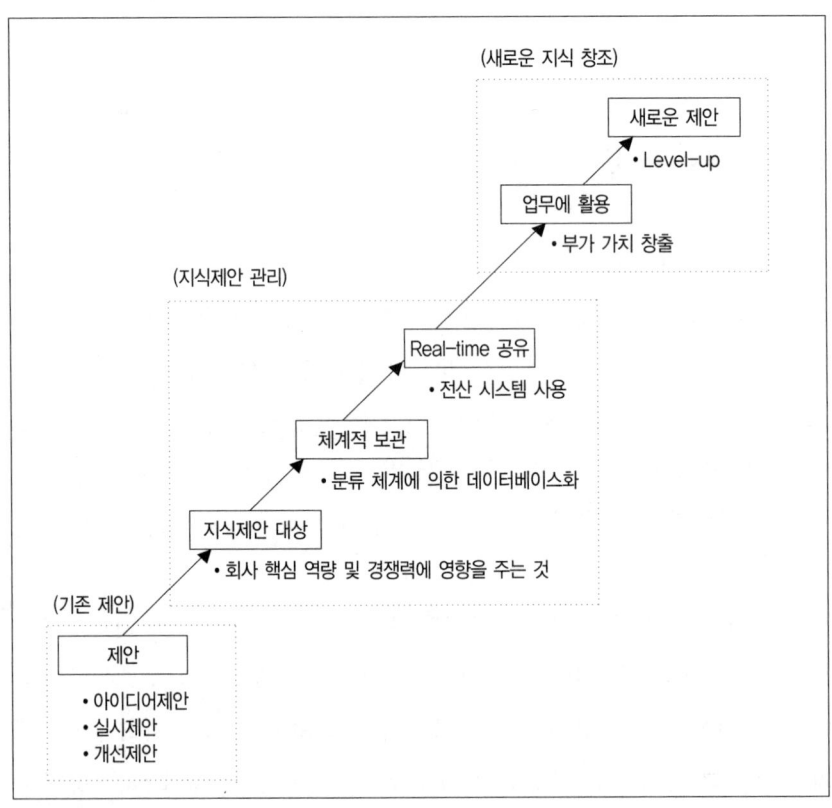

지식을 공개, 공유, 활용하는 지식경영 마인드가 유지되어야 한다. 제안 시스템도 지식경영 시스템처럼 체계적인 창고를 만들어 궁극적으로 제안제도 향상을 통해 사원들의 지식 및 경험이 활용되도록 하는 것이다.

2. 바뀌지 않아도 제안으로 인정

1) 마케팅에서는 제품 포지셔닝이 중요

마케팅 전략을 수립할 때는 소비자의 특성에 따라 시장을 세분화시키는 '시장 세분화(market segmentation)'와 소비자에게 자사 제품을 강하게 인식시키는 '제품 포지셔닝(product positioning)'이라는 것이 있다. 이중 제품 포지셔닝이란 소비자의 마음속에서 특정 상품이 경쟁 상품과 비교하여 상대적으로 어떤 위치를 차지하는, 즉 소비자의 마음속에 독특하게 받아들여질 수 있도록 노력하는 것이라고 정의할 수 있다. 예를 들어 소형차 마티즈, 고급 승용차 그랜저, 휴대폰 애니콜, 건강식품 풀무원, 라면에서는 신라면 등은 포지셔닝이 아주 잘된 사례이다.

기업들은 이렇게 경쟁사에 비해 자사 제품이 우위를 차지하도록 하기 위해 많은 광고와 홍보를 하여 소비자들에게 자사 상품을 뚜렷이 인식시키고자 한다.

2) 제안은 개선으로, 개선은 제안으로 포지셔닝되어 있다

제안제도는 소비자(고객, 기업 내 직원)에게 어떻게 인식되고 있을까? 필자가 제안제도 교육 및 컨설팅을 수행할 때 느끼는 것은 사람들이 '제안' 하면 곧바로 개선을 떠올리고, '개선' 하면 바로 '제안'을 떠

올린다는 점이었다. 제안은 개선으로 포지셔닝되었고, 개선은 제안으로 포지셔닝되었다는 증거이다. 즉, 제안의 포지셔닝(suggestion positioning)은 바로 개선이고, 개선의 포지셔닝(improvement positioning)은 제안이다.

기업에서는 여러 가지 개선활동을 하는데, 이러한 활동에 대해 '제안 (suggestion)'이라는 용어 외에 다른 용어를 쓰면 무언가 허전하고 개선이 아닌 듯 느껴지며, 개선활동과는 전혀 다른 것으로 인식되는 이유는 제안이라는 용어가 30여 년 동안 개선활동으로 인식되어 왔기 때문이다. 요즘은 우체국에서도 보험이나 금융 상품을 많이 내놓는데, 우체국을 편지 부치는 곳으로만 인식해 이러한 활동을 의외로 생각하는 것과도 비슷하다.

3) 바뀌지 않아도 제안으로 인정

지식제안을 추진하기 위해서는 바뀐 것은 물론이고 바뀌지 않은 것도 제안으로 인정되어야 하는데, 이는 기존에 가지고 있던 제안의 패러다임을 바꾸어 주어야 가능하다. 기존의 제안 패러다임으로는 이를 설명할 수가 없으며, 오히려 혼란이 발생될 수도 있기 때문이다.

기존의 제안 틀은 고객(특히 내부 직원)을 제외한 제안자(또는 실시자)와 심사자, 회사의 3대 요소가 관여되어 있었다. 즉, 제안자는 개선을 해서 효과를 산출하고, 심사자는 이를 심사 및 평가해 주고, 회사는 평가 등급에 따라 시상을 하는 형태였다.

이에 비해 지식제안의 틀은 제안자와 심사자 사이에 고객이 관여하는 형태로 되어 있다. 제안자는 자신의 것을 개선하지 않아도, 또는 효과가 없더라도 고객에게 필요한 자료라면 이를 공개하고, 직원들은 공개된 자료를 이용해 자신의 일을 편하고 효율적으로 처리하게 된다. 제안자의 공개 효과가 제안자에게서 나타나는 것이 아니라 이를 활용한 고객에게서 나타나는 형태이다. 심사자는 기존 제안의 틀과 마찬가지로 효과에 대해서 심사하고 평가해 주며, 회사 역시 평가된 등급에 따라 시상을 하는 형태이다. 기존 제안의 틀과 새로운 지식제안의 틀을 그림으로 표현하면 다음과 같다.

[그림 2-17] 기존 제안의 틀과 새로운 지식제안의 틀 비교

구분	기존 제안의 틀	지식제안의 틀
회사	시상	시상
심사자	심사/평가	심사/평가
고객(직원)		효과 산출 ↑ 효과 발생 ↑ 조회(공유)
제안자(실시자)	효과 산출 ↑ 효과 발생 ↑ 개선 ↑ 문제 발견	공개 ↑ 형식지화 ↑ 개인 자료(경험)
특징	• 고객이 관여하지 않는다 • 제안 효과는 제안자에게서 나타난다 • 제안 효과는 제안자가 작성한다	• 고객이 적극적으로 관여한다 • 제안 효과는 고객에게서 나타난다 • 제안 효과는 고객이 작성한다

4) 자료 공개도 제안으로 인정

제안의 틀을 바꾼다는 것은 제안을 바라보는 시각의 변화를 의미한다. 기존 제안은 제안자의 입장에서 바라본 것이다. 제안자의 입장에서 무언가 변하고, 무언가 바뀌어야만 상사에게 제안으로 인정받을 수 있었던 것이다.

그러나 제안의 시각을 회사 입장으로 바꾼다면 이는 달라진다. 개인이 어떤 자료나 경험을 회사 내에 공유시켜(이는 '바꾸는 활동'이 아니라 '공개하는 행위'이다) 이를 보고 다른 사원이 업무에 도움을 얻고 일을 빠르게 처리했다면 이 또한 훌륭한 제안으로서 일반 제안과 동일한 효과를 얻었다고 할 수 있는 것이다.

'자료 공개'는 바꾸고 개선하는 것이 아니라 그저 가지고 있는 것을 공개하는 것이다. 공개만으로도 다른 사람에게 도움을 주므로 회사 차원에서 보면 역시 효과가 난다고 인정할 수 있는 것이다. 제안이라는 것이 반드시 실시한 곳에서만 효과가 나야 한다는 법은 없다. 이것도 고정관념이다. 실시는 이곳에서 했지만 효과는 다른 곳에서 나는 경우 역시 제안이다. 회사 차원에서 보면 효과가 나는 장소만 달라졌을 뿐 효과는 분명 발생했기 때문이다. 마찬가지로 자료 공개는 나에게 효과가 있는 것이 아니라 다른 곳에서 효과가 발생하는 것이다. 따라서 자료 공개 역시 제안이다. 반드시 개선이 되어야만 제안이 될 수 있는 건 아니다. 바뀌지 않아도 제안이 된다.

3. 지식제안 시스템 구축 조건

1) 정보 제공 및 활용에 대한 의식 전환

지식제안은 지식 및 정보의 공개와 활용이 매우 중요하다. 즉, 정보 제공 및 활용에 대한 의식이 전환되어야 한다. 이를 위해서는 다음과 같은 의식을 가져야 한다.

- 개선된 사례를 타인이 이해할 수 있도록 가공하는 것이 좋다.
- 개선된 사례를 디지털화하면 공개가 더 쉬워진다.
- 정보를 소유하지 않고 회사에 판다는 의식을 갖는다.
- 지식은 나만의 것이 아닌 회사 소유물이라는 의식이 있어야 한다.
- 지식은 나누면 나눌수록 가치가 있다는 인식을 갖는다.
- 개선된 결과물의 활용 사례도 매우 중요하다.
- 제출 건수 추구형에서 지식 가치 추구형으로 전환해야 한다.

2) 제안 사무국의 새로운 역할 및 비전 수립

지식제안을 도입하기 위해서는 기존의 제안 사무국의 역할만으로는 어려움이 있을 수 있다. 기존의 제안제도가 오늘날처럼 지식경영을 기반으로 하여 만들어져 있지 않았기 때문이다. 또한 지식제안 사무국의 비전도 새롭게 재정립해야 한다.

① 제안 사무국의 새로운 역할
- 제안제도 자체를 운영(활성화)하는 것이 아니라 제안이 경영에 기여하도록 연구, 운영한다.

- 경영 환경 변화의 내용을 항상 숙지하여 환경 변화에 대응한다.
- 제안 건수를 강조하는 활동에서 탈피한다.
- 획일적인 제안 목표 부여로부터 탈피한다.
- 회사의 업종 개념을 파악해서 제안을 운영한다.
- 회사의 경영 목표 및 방향, 핵심 역량이 무엇인지 파악한다.
- 고객의 개념 및 고객 만족 경영에 대해 숙지한다.
- 문제에 대한 확실한 개념을 파악한다.
- 회사 내 문제 해결의 퍼실리레이터(facilitator) 역할을 수행한다.
- 개선에 관련된 각종 개선 기법을 숙지하고 연구한다.

② 제안 사무국의 새로운 VISION
- 지식경영을 선도하는 사무국
- 제안을 통해 사원을 신지식인으로 양성
- 사원의 업무로부터 습득한 형식지의 전사 공유로 회사에 부가 가
  치를 올려 주는 창조적 활동 선도
- 조직 구성원의 노하우 및 스킬을 축적해 회사의 핵심 역량을 강화
  함으로써 경쟁력 향상에 기여
- 신지식인 양성을 위한 지속적인 교육 자료 연구
- 창의와 자율을 중시하는 열린 문화 구축의 개척자

03 지식 정보화 시대의 신개념의 제안제도

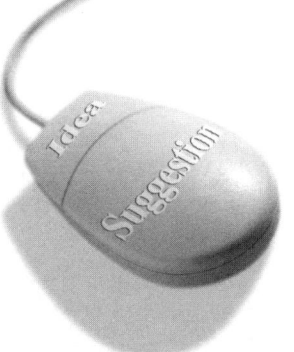

제 1 장

제안활동의 활성화 방법

1. 제안 활성화의 개념 및 방법

1) 제안 상품은 잘 팔려야 한다

제안 관련 교류회나 기업을 방문해 보면 약방의 감초처럼 등장하는 것이 '어떻게 하면 제안을 활성화시킬 것인가?'에서의 '제안 활성화'라는 용어이다. 마치 제안 활성화가 제안의 최종 목표인 듯 '제안'이라는 용어 뒤에는 항상 '활성화'라는 단어가 붙어 다녀 이제 '제안 활성화'가 고유 명사화되었다. 이렇게 제안 활성화를 강조해도 정작 제안은 활성화되지 않고 제안 활성화를 위한 회의와 방안 수립만 활성화된 것 같다. 기업에서 제안 활성화를 위해 노력한 지도 벌써 10년이 넘는다. 해마다 연초가 되면 반복하는 것이 제안 활성화 방안 수립이다.

사실 제안 자체를 놓고 보면 활성화할 방법을 찾기란 그리 쉽지 않다. 제안이라는 것이 무형이고, 활성화의 기준도 모호하기 때문이다. 하지만 생각을 바꾸어 만일 제안을 상품으로 취급한다면 활성화 방법을 좀더 쉽게 찾을 수 있을 것이다.

제안이 활성화되는 것은 공들여 만든 상품이 잘 팔리는 것과 같다고 할 수 있다. 잘 팔리는 상품에는 어떤 특징이 있는가? 바로 고객이 있다는 점을 들 수 있다. 고객을 만족시키고, 고객과 함께한다. 고객이 누구인지, 고객의 니즈와 특성 및 욕구가 어떤 것인지 구체적으로 파악하여 이에 맞게 상품을 개발했기 때문에 잘 팔리는 것이다.

2) 제안 활성화의 의미

제안 건수가 늘어난다고 제안이 활성화되었다고 할 수는 없다. 또한 매월 제안 이벤트를 실시한다고 제안이 활성화되었다고 볼 수는 없다. 제안 활성화는 어느 한 면을 보고 이야기할 수 없는 것으로, 제안활동

[그림 3-1] 제안 활성화의 5가지 요소

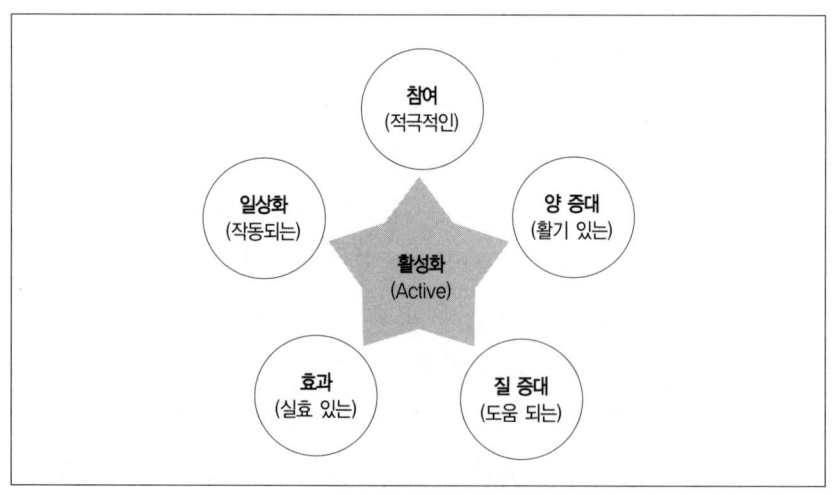

의 여러 가지 측면을 고려해서 판단해야 하기 때문이다.

그렇다면 과연 제안 활성화란 무엇인가? 어떻게 활동하는 것이 활성화된 모습인가? 우리 회사는 제안이 활성화되어 있는가?

제안 활성화 요인은 참여, 양 증대, 질 증대, 효과, 일상화의 5가지 요소로 구성되어 있다([그림 3-1] 참고). 이 5가지 요소가 충분히 활발해져 있을 때 비로소 제안이 활성화(active)되었다고 할 수 있다.

3) 제안 활성화의 5가지 요소

① 참여

제안 활성화의 첫번째 요소는 참여이다. 제안자와 심사자 모두가 적극적이고 자발적인 참여가 되어야 한다. 강제로 100%를 채우는 것은 진정한 참여가 아니다. 참여율 100% 달성을 위해 목표 건수를 주고, 참여하지 않는 사람에게 불이익을 주면서라도 억지로 참여시키는 것은 단순히 숫자적인 참여일 뿐이다. 제안자들이 제안에 대해 긍정적인 마인드를 가지고, 자신의 업무를 도와주고 업무에 바퀴를 다는 것으로 인식해 제안을 통해 자신의 업무 및 부서의 업무 목표가 달성될 수 있다는 확신으로 즐겁고 보람차게 참여해야 진정한 참여라고 할 수 있다.

② 양 증대

제안 활성화의 두 번째 요소는 양의 증대이다. 제안은 샘솟듯 매일매일 솟아 나와 활기가 있어야 한다. 평소에는 물기가 없다가 가끔씩 솟는 샘은 활기가 없다. 마감일이나 평가 시기, 과제 제안을 할 때만 제안 건수가 불쑥불쑥 증가하는 것은 진정한 '양 증대'로 볼 수 없다.

제안 건수에 대한 목표를 주면 거의 대부분이 달성은 한다. 그러나 마감일에 몰아서 제안을 하다 보니 제안에 활기가 없다. 이런 경우 건수가 많고 목표가 달성되었다 하더라도 활기 있는 양 증대는 아니다. 제안이 매일 매일 나와야 제안이 활성화되는 것이다.

③ 질 증대

제안 활성화의 세 번째 요소는 질의 증대이다. 제안의 결과가 어딘가에 도움이 되어야 한다는 의미이다. 제안을 해서 개인에게, 팀에, 공장에, 회사에 도움이 되어야 한다. 기업에 가서 제안 결과의 경영 기여도를 조사하면 대체적으로 기업에 도움이 된다고 대답한다. 대부분의 고등급 제안은 개인, 팀, 공장, 회사에 도움이 되기 때문이다.

④ 효과

제안 활성화의 네 번째 요소는 효과이다. 단, 실효가 있는 효과여야 한다. 제안을 통해 회사의 고질적인 숙원 과제들이 해결되어야 하는 것이다. 주로 고등급 제안들이 여기에 속한다.

⑤ 일상화

제안 활성화의 다섯 번째 요소는 일상화이다. 매일 매일 작동되어야 한다는 의미이다. 고장 난 장난감은 작동되지 않는다. 이와 마찬가지로 제안도 고장이 나면 안 된다. 매일 매일 작동되어야 한다. 제안의 일상화가 제안의 궁극적인 모습이기 때문이다.

4) 제안 활성화의 현황 및 방법

제안활동을 하는 국내 기업들의 이야기를 들어 보면 주로 고등급 제안들이 회사에 도움이 되며, 고질적인 문제점들을 해결해 준다고들 한다. 질의 증대 및 효과는 활성화되고 있다는 증거이다. 그러나 적극적이고 자발적인 참여 및 활기 있는 양 증대, 작동되는 일상화 면에서는 아직 멀었다고 한다.

전사 제안 사무국에서는 앞의 5가지 요소를 비교해 보아 회사가 어디에 속하는지를 판단한 후 부족한 부분을 집중적으로 연구해서 대응해야 제안이 활성화될 수 있다. 적극적인 참여가 부족한 회사에서는 보다 적극적이고 자발적인 참여가 이루어질 수 있도록 제안 전략을 수립하고, 양 증대가 활기차지 않으면 매일 매일 제안이 나오도록 지도하고 관리해야 하며, 일상화가 작동되지 않는다면 제안자들이 매일 매일 아이디어를 창출하도록 유도해야 한다.

제안 활성화에는 왕도가 없다. 단지 제안 사무국과 제안자, 심사자, 경영층 등 전 임직원이 한 방향으로 노력하는 것 외에는 특별한 묘약이 없다. 그렇다고 방법이 전혀 없는 것은 아니다. 제안자와 심사자의 특성을 분석하여 지식 정보화 시대의 흐름에 맞도록 제안제도를 바꾸고, 아울러 운영 시스템을 제대로 구축하는 것이다. 이러한 노력으로 제안 활성화의 기쁨을 맛보는 기업들이 최근 들어 많이 늘고 있다.

2. 제안자와 심사자의 특성 분석

1) 제안자의 특성

① 바쁘다

제안자는 회사의 주인공이며 제안을 가장 많이 하는 사람이다. 그러나 제안을 가장 많이 해야 할 제안자들은 사실 회사 업무 처리만으로도 무척 바쁘다. 부서 목표를 달성하랴, 부서장의 수명 업무 처리하랴, 각종 보고서 작성하랴 등등 무척 바쁜 하루를 보낸다.

② 평범한 사람이다

깊이 있는 제안 지식을 갖고 있는 제안자는 많지 않다. 대부분이 부서의 제안 목표에 따라 목표 달성을 위해 제안을 하는 것이지 제안을 통해 무언가 이루려는 생각으로 제안을 하는 직원은 극히 적다. 제안을 제출하는 직원은 평범한 사람들이다. 따라서 제안은 쉬운 것이라고 교육해야 한다. 교육 내용도 아이디어 발상법이나 창의력 개발 등 영재 교육을 떠올리게 함으로써 제안 제출 위주의 천재성을 요구하기보다는 문제 발굴 및 개선 방법을 알려 주는 실질적인 교육이 되어야 한다.

③ 글로 쓰는 것을 싫어한다

제안자는 평범한 사람들이기 때문에 제안 방법이 까다롭거나 입력 요소가 많으면 싫어한다. 말하는 것은 쉽지만 이것을 글로 써서 제출하라고 하면 아주 귀찮아하는 것이다. 현장에서 많은 개선을 했음에도 불구하고 기록하기가 귀찮아 제안을 하지 않는 직원들도 많다고 한다.

제안자들은 특히 개선 결과를 금액으로 산출하는 것을 귀찮게 생각한다. 효과를 금액으로 나타내기 위해 억지로 산출 근거를 만드는 제안자들도 있다. 모든 제안마다 산출 근거를 작성해야 하기 때문에 제안 건수가 많은 제안자일수록 더 어려움을 느낀다.

④ 자신의 제안에 대해 관심이 많다

제안자들은 자신의 제안에 대해 상사가 어떻게 생각하는지 궁금하게 여기며, 때로는 초조한 마음으로 신속한 답변을 기다린다. 또한 제안자들은 자신의 제안이 현재 어떻게 진행되고 있는지 무척 궁금해 한다.

⑤ 구체적인 보상을 원한다

제안자는 제안을 할 때 업무 성과에 대한 기대치와 함께 제안에 대한 물질적인 보상을 원한다. 특히 제안 결과의 효과가 클수록 보상 심리도 커진다. 자신이 개선한 결과에 대해 남들이 인정해 주기를 기대한다. 특히 부서장으로부터의 칭찬을 바란다. 제안 결과에 대해 부서나 동료, 회사로부터 인정받기를 원한다. 이런 까닭에 적절한 보상 제도는 제안을 활성화시킨다.

2) 심사자의 특성
① 제안에 집중하지 못한다

심사자는 대부분 팀장급으로 이루어져 있다. 팀장은 팀의 책임자로서 제안뿐 아니라 팀의 여러 가지 업무에 관여한다. 그러다 보니 제안에만 집중할 수가 없다. 특히 회의 참석으로 자리를 비우는 경우가 많아 심사가 늦어지게 된다.

② 제안을 인정하면서도 행동으로 연결짓지 않는다

심사자는 제안의 중요성을 인정하면서도 실질적으로 많은 지원을 해주지는 않는다. 심사를 늦게 해준다거나, 제안의 효과를 제안자보다 더 낮게 평가하여 등급을 낮게 주는 경우가 그것이다. 제안을 지시하면서 정작 본인은 움직이지 않고, 아이디어를 가장 많이 가지고 있으면서도 팀원들에게 공개해 활력을 불러일으키지 않는다. 오로지 자신의 눈높이에 맞추어 심사만 할 따름이다.

③ 실천은 제안자의 몫이라고 생각한다

회의를 할 때 아이디어를 내면 "좋은 생각이야! 자네가 해보게."라는 이야기가 돌아오는 경우가 많다. 그래서 제안자가 곧 실시자가 되는 경우가 대부분이다. 개선에 대해서도 당연히 해야 할 일을 했다고 생각하여 칭찬하는 데 인색하다. 제안으로 인정하지 않으려 하는 것이다.

④ 고급 아이디어를 가지고 있다

심사자는 백전노장이다. 풍부한 경험과 업무에 대한 폭넓은 식견을 가지고 있다. 많은 부서들을 거쳐 왔기 때문에 입체적으로 생각하며, 제안 내용이 실천 효과가 있을지를 직관으로 판단할 능력을 가지고 있다. 아이디어는 경험으로부터 나온다. 따라서 많은 경험을 가지고 있는 심사자는 많은 아이디어를 가지고 있다. 심사자의 말 한마디, 아이디어 하나가 회사에 많은 영향을 끼치는 것이다.

3. 제안 활성화 운영 시스템 구축

1) 제안활동 운영 시스템의 구성 요소

제안활동이 일회성으로 끝나지 않도록 하기 위해서는 기업 내 경영활동의 하나로 확고히 자리매김되어야 한다. 기업 내에서 운영되는 제안활동을 물건에 비유한다면, 운영 시스템은 물건이 떨어지지 않도록 붙잡아 주는 5개의 못에 비유할 수 있다. 이 5개의 못이 바로 제안활동을 구성하는 운영 시스템이다.

　제안활동은 5개의 운영 시스템으로 이루어져 상호 보완하면서 사이클을 형성해 활동하고 있다. 제안활동 운영 시스템은 업종의 특성에 맞는 제안제도, IT를 활용한 전산 시스템 구축, 체계적인 제안 조직, 지속적인 제안 교육, 마지막으로 전사적인 제안 이벤트 실시 등의 5개로 되어 있다.

[그림 3-2] 제안활동 운영 시스템

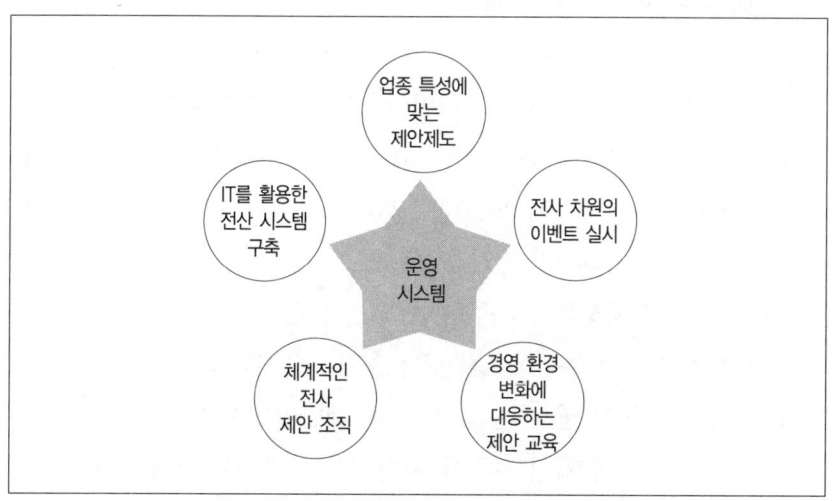

　만약 5개의 못 중에서 하나라도 없거나 느슨해지면 제안활동은 고정되지 않아 흔들리게 된다. 제도가 없다고 생각해 보라. 과연 제안활동이 가능하겠는가? 마찬가지로 전산 시스템이 없다면 제안이 제대로 굴러갈 수 없을 것이다. 제안 조직이 체계적이지 못하고, 중앙 사무국에서 형식적으로 운영되어도 역시 제안은 잘 돌아가지 않는다. 교육이 없어도 제안은 잘 되지 않으며, 전사 차원에서의 이벤트를 하지 않으면 사원들은 제안이 있는지조차 모를 것이다.

결국 이 5개 운영 시스템들이 적절히 조화를 이루고 잘 돌아가야 제안이 활성화된다. 경영자가 바뀌면 제안활동도 바뀌게 되고, 분위기에 따라 활성화되기도 하고 침체되기도 하며, 어떤 때에는 관심이 높아지다가 어떤 때에는 관심이 시들기도 한다. 이런 것들은 제안활동이 확고한 자리매김을 하지 못해 나타나는 현상들이다.

2) 업종의 특성에 맞는 제안제도

사무 간접·서비스 부문 기업들의 공통적인 제안활동 침체 요인은 제안제도가 매우 잘못되었다는 것이다. 즉, 제조업의 제안제도를 도입하여 적용하다 보니 무리(프로크루스테스 침대 현상)가 따르고, 말이 많아지며, 귀찮은 제도가 되고 만다. 그리고 결국에는 제안제도 자체가 유명무실해져 제안 건수가 빈약해지는 것이다.

제도란 일이 잘되도록 도와주는 것이며, 논란이 생겼을 때 기준이 되는 요소일 뿐 제도가 주(主)가 될 수는 없다. 즉, 자사의 특성에 맞는 제안제도를 도입하고자 할 때는 업무 특성, 제안자의 마음가짐, 부서장들의 리더십 등 자사의 기업 문화를 고려해서 도입해야 한다. 남이 한다고 무조건 도입하는 것은 바람직하지 못하다([표 3-1] 참고).

3) IT를 활용한 제안 전산 시스템 구축

요즘 대부분의 기업들이 제안제도의 전산화를 시도하고 있다. 그러나 전산 시스템을 가만히 들여다보면 사용자 입장을 전혀 고려하지 않

[표 3-1] 업종 특성에 맞는 제안 추진 전략

구분	업종 특징	제안 추진 전략	비고
제조 부문	1. 원가 품질이 중요 2. 눈으로 관찰 가능	• 현행 제조업 중심으로 된 제도 적용	품질, 원가 중심 제안
사무/ 간접 부문	1. 업무 연결	• 업무 자체를 대상으로 하는 제안 창출	업무제안 추진
	2. 정보 창출	• 정보 생산 활동도 제안으로 인정	업무제안 추진
	3. 인간 중심의 일	• 사람의 질을 향상시키는 제안 • 표준화보다는 실천 의식이 중요	인재양성제안 추진/ 교육 강조
	4. 의사 결정 지원	• 업무 결과물을 제안으로 인전	업무제안 추진
	5. 사람의 경험 중요	• 직원의 아이디어 적극 활용 • 사람의 경험을 제안으로 인정 • best practices를 벤치마킹	아이디어제안/ 지식제안/ 중복 제안 인정
	6. 직원들이 바쁘다	• 즉결식 심사 방법 도입 • 제안 처리 전산화	즉결식 심사/ 전산 시스템 구축
서비스 부문	1. 무형성/소멸성 등	• 효과 산출 방법 간소화 • 문제 발견형 교육보다는 목표 달성형 교육	무형 효과 인정/ 교육 방법 변경
	2. 서비스 중심은 사람	• 사람의 질을 향상시키는 제안 • 표준화보다는 실천 의식이 중요 • 고객 만족을 추진하는 제안활동	인재양성제안 추진/ 교육 강조/ 고객 제안 도입
	3. 객관적 품질 평가 곤란	• 산출 방식 세분화 불필요 • 경험적, 직관적 산출 방법 도입	무형 효과 인정/ 경영 기여도 평가

고 IT 담당자 위주로 구축되어 있어 매우 불편하다. 이 때문에 어떤 기업은 전산화한 후 오히려 일이 더 많아졌다고 하고, 어떤 기업은 수작업으로 할 때보다 더 복잡해졌다고 불평을 늘어놓기도 한다.

제안 전산 시스템이 성공적으로 구축되기 위해서는 첫째, 사용자 입장에서 화면 디자인을 해야 하고, 둘째, 사용자 중심(User Oriented) 방식으로 시스템을 구축해야 하며, 셋째, 시스템이 신뢰성을 가지고 있어야 하고, 넷째, 신속한 A/S 기능이 마련되어 있어야 한다(전산 시스템 구축 방법은 뒤에서 상세히 설명하기로 한다).

4) 체계적인 전사 제안 조직 구성

제안활동은 제도가 하는 것이 아니라 사람이 하는 것이다. 즉, 아무리 잘 만들어진 제도라도 사람들이 참여하지 않는다면 '그림의 떡'이다. 사람을 움직이는 방법 중 가장 좋은 것은 사람을 통해서 사람을 움직이는 방법이다. 제안이 활성화되기 위해서는 전사 및 사업장별, 부서별 제안 담당자를 두어 이들로 하여금 부서원들을 움직이도록 해야 한다. 회사 업무도 담당자가 지정되지 않으면 일이 잘 마무리되지 않는 경우가 종종 있다. 제안도 마찬가지이다. 담당자를 지정하지 않고 운영하다 보면 제안의 활성화에 무리가 따르게 된다.

제안 조직은 전사 사무국을 중심으로 사업 본부별, 공장별 제안 리더

[그림 3-3] 전사 제안 조직 사례

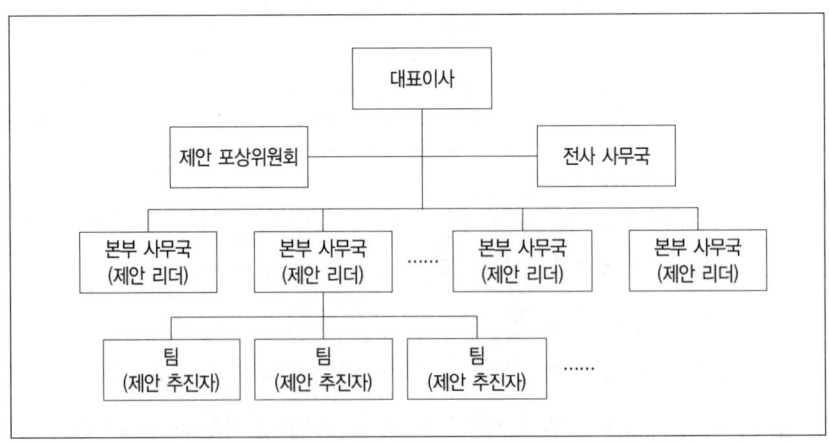

154

를 선정하며, 각 팀별로 제안 추진자를 선발하여 제안 조직이 거미줄처럼 체계적으로 구성되어야 한다([그림 3-3] 참고).

또한 선정된 제안 담당자들을 전사 차원에서 체계적으로 관리하고

[표 3-2] 제안 담당자의 역할 사례

□ 제안 추진 담당자 선정

조직	제안 담당자	직급	주요 역할
전사	전사 사무국	과장	전사 제안활동 총괄
본부(공장)	본부(공장) 제안 추진 리더	대리	본부(공장) 제안활동 총괄 및 관리
팀	팀 제안 담당자	대리, 사원	팀 제안 활성화 책임

□ 조직별 역할

조직	역할
전사 사무국	• 전사 제안 추진 목표 설정 및 현황 관리 • 전사 제안 예산 총괄 관리 • 전사 차원의 제안 활성화 방안 수립 및 전파 • 본부 및 공장, 팀별 제안 추진 리더 선임 및 양성 • 제안 관련 행사 및 제안 교육 주관 • 제안 전산 시스템 유지 관리 및 보완 • 제안 추진 실적 경영층에 정기적으로 보고 • 본부 및 공장 제안 추진 리더 정기 meeting 주관
본부(공장) 제안 추진 리더	• 본부 및 공장의 제안 활성화를 위해 제안 현황 파악 • 제안 전사 사무국 창구 역할 • 제안 추진 리더 정기 meeting 참가 　(본부 및 공장의 제안활동에 대한 의견을 전사 사무국에 전달)
팀 제안 추진자	• 팀의 제안 활성화를 위해 팀의 제안 현황을 분석하고 현황 파악 • 팀장이 제안 심사할 때 보좌 • 채택된 제안의 실천 여부 follow-up • 팀의 제안 창구 역할

양성해야 한다. 제안 담당자에게 역할을 부여해 그 역할대로 잘 활동하도록 계획을 수립해야 한다. 타 부서 전배나 퇴직의 상황을 맞아도 제안 업무의 인수인계가 원활히 이루어질 수 있도록 철저하게 관리해야 한다([표 3-2] 참고).

5) 지속적인 제안 교육 실시

기업에 근무하는 사원들은 누구나 한 번쯤 제안을 해보았기 때문에 제안에 대해 모르는 사람은 거의 없다. 이런 까닭에 기업은 제안 교육에 관심을 갖지 않는다. 제안에 대해서는 더 이상 배울 것이 없다고 생각하는 것이다. 그러나 과연 그럴까?

기업에는 직무 교육이라는 것이 있다. 특정 직무에 대해 업무 처리 방법을 배우는 것인데, 이러한 직무 교육은 반드시 이수하도록 되어 있다. 직무 교육은 그 분야에 해당되는 몇 사람에게 해당되는 교육이다. 하지만 제안은 그렇지 않다. 제안은 전 사원이 참여하게 되므로 파급 효과도 대단히 크다.

제안 사무국에서 제안을 제대로 운영하지 않으면 전 사원들이 혼란에 빠지게 되므로 매우 신중한 운영을 필요로 한다. 제도가 있으니 운영하자는 마음으로는 제안활동에서 얻을 수 있는 것이 별로 없다. 제안에 대한 전 사원들의 올바른 이해를 돕기 위해서라도 지속적인 제안 교육은 필수적이라 할 수 있다([표 3-3] 참고).

6) 전사적인 제안 이벤트 실시

제안은 주로 개인의 업무를 개선하거나 실천하는 것으로 시작되지만, 회사 차원에서 지원해 주지 않으면 활성화되지 않는다. 스스로 알

[표 3-3] 계층별 제안 교육의 체계도 및 내용

계층	과정명	교육 내용	시간
경영층	제안 경영자 과정	• 기업 경영 전략 수행과 제안활동	2hr
심사자(팀장)	심사자 과정	• 지식 정보화 시대의 제안활동 이해 • 제안 심사 기법 • 제안자 육성 방법 및 제안 리더십 발휘	4hr
제안자	제안하는 방법	• 지식 정보화 시대의 제안활동 이해 • 제안 대상 탐색 • 제안서 작성 및 제안 방법 • 문제 발견형/목표 달성형 문제 접근 방법	1일
본부(공장) 제안 추진 리더	제안 추진 리더 과정	• 지식 정보화 시대의 제안활동 이해 • 새로운 제안제도 도입 방법 및 적용 • 제안 활성화 방법	3일
팀 제안 담당자	제안 관리자 과정	• 지식 정보화 시대의 제안활동 이해 • 팀 제안 활성화 방법 • 제안 심사의 이해	2일

아서 하라고 개인들에게 맡겨 두면 활동의 범위가 좁아지고 활성화가 어려워진다.

　제안 사무국은 제안활동의 활성화를 위해 회사 차원에서 적극적으로 지원해 주어야 한다. 자사 특성에 맞는 제안제도의 보완은 물론 인센티브 부여, 개선 사례 발표 대회, 여러 가지 이벤트 실시, 제안왕 및 우수 제안 부서 선정, 우수 제안 발굴 및 홍보 등 사원들이 제안에 대한 마인드를 가질 수 있도록 월별, 분기별, 연간 계획으로 지속적인 활동을 벌여 기업 경영 성과에 기여하는 제안이 되도록 해야 한다([표 3-4] 참고).

[표 3-4] 제안 활성화를 위한 이벤트 사례

회사	추진 항목	내용
KT	• 1-in 1-out • e-KT 현장 정보화 • 마케팅 아이디어	• 부서별로 업무상 불필요한 것을 one-in, one-out 하자는 신기업문화 활동 • 현장에서 의견 수렴 후 개선 과제 발굴 • 매출 증대를 위한 아이디어 공모
제일모직 여천 공장	• engineer 개별 개선 과제 실시 • 냄새 저감 아이디어 공모 • 사원 가족 경영 참여 이벤트 실시	• 공장 기술력 향상 및 부서의 고질적인 문제 연구 • 공장 내 쾌적한 작업 환경을 조성하기 위한 공모 • 제안의 참여 범위를 사원 가족에게 확대 실시
웅진코웨이 개발	• 제안 포스터 제작 배포 • 심사자 간담회 운영 • 제안 사례집 제작	• 제안의 정기적 홍보를 위한 포스터, 표어 배포 • 제안 심사 평가상의 문제점 논의 및 제도에 대한 개선점 모색 • 업무 생산성 향상 사례를 책자로 제작 및 배포

※자료: 한국능률협회컨설팅, 「한국 아이디어 경영 전국 대회(15회)」, 2002, 내용 일부 요약 정리.

제2장

신개념의 제안제도 모습

1. 업종 특성에 맞는 제도 도입

1) 사무 · 서비스는 생산과 다르다

① 사무 업무는 업무를 연결(link)하는 것이다

사무 업무는 각각의 업무들을 서로 연결(link)하는 프로세스이다. 레핑웰(W. H. Leffingwell)은 '사무 부문은 경영 내부에서의 여러 업무 활동을 통제하기도 하고 협력하기도 하는 경영의 한 부문이다'라고 정의하고 있다. 즉, 사무는 생산, 판매, 재무, 인사 등 경영의 여러 가지 기능을 하나로 연결하는 결합 기능이 있다는 것이다([표 3-5] 참고).

[표 3-5]에서 작업적인 일이란 기업, 또는 부서의 Mission(임무 또는 존재 이유)을 달성하기 위해 직접적으로 수행하고 있는 핵심 역량에 관한 실시 계통의 업무(본래 사무 또는 line 사무라고도 함)를 말한다. 관리

[표 3-5] 사무 업무의 개념

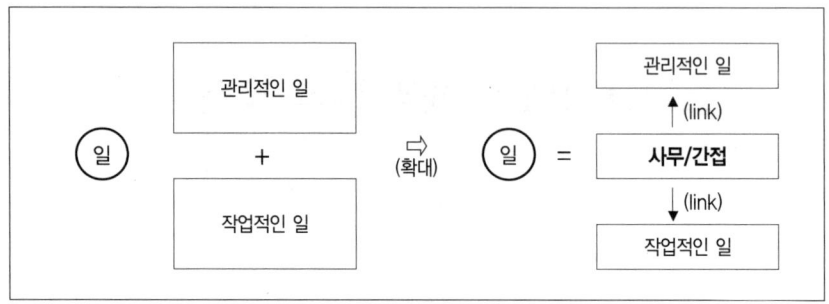

적인 일이란 작업적인 일을 간접적으로 수행하거나 지원하는 업무(지원 사무 또는 staff 사무라고도 함)를 말한다(김경우, 「사무관리개론」참고). 사무는 이들 간의 업무를 효율적(efficiency)/효과적(effectiveness)으로 연결시켜 주는 기능을 수행한다.

② 사무 업무는 정보를 창출하는 일이다

사무 과정의 대부분은 자료의 수집, 가공을 통해 조직 목적 달성에 필요한 정보를 생산한다. 나아가 그 정보를 적시에 필요한 곳에 신속히 전달하고, 그것을 보존 및 보관하는 기능을 가지고 있다. 즉, 사무의 주 업무는 대부분 정보의 창출에 있다고 할 수 있다.

생산 관리는 공장에서 제품을 만들 때 어떻게 하면 싸고 좋은 제품을 만들까 하는 명제, 즉 원가 절감과 고품질의 제품 생산을 연구하는 학문이다. 반면에 사무 관리는 어떻게 하면 빠르고 효율적이며 가치 있는 정보를 생산할 것인가를 연구하는 학문이다. 즉, 사무·간접은 정보 생산 활동이라고 요약할 수 있다(한재원 외, 「사무관리개론」참고).

사무실에서 이루어지는 정보의 창출 과정은 '정보 획득→창출→사용→교환→보관→검색'의 사이클로 이루어져 있다. 사무 부문에 근무하는 사람들은 정보를 검색하고 창출하고 사용하면서 대부분의 근무 시간을 보내므로 정보를 떠난 업무란 생각할 수 없다.

③ 사무 업무는 인간 중심의 일이다

'사무'의 사전적인 의미는 '회사의 업무, 회사의 일'이라고 정의되어 있다. 사무 업무란 바로 회사에서 일을 처리하는 인간의 행동을 말한다. 즉, 쓰기, 읽기, 계산하기 등이다.

〈사무의 구성 작업〉
  - 기록(인쇄 포함, Writing)
  - 독해(Reading check)
  - 계산(Computing)
  - 의사 소통, 통신(Communicating)
  - 분류, 정리(Classifying & Filing)
  - 회의, 처리 방법 논의(Interviewing, Thinking)
  - 운반, 이동(Conveyance & Movement)
  - 사무 기기 조작(Operating)

(자료: 김경우, 「사무관리 개론」 참고)

④ 사무 업무는 의사 결정을 지원하는 일이다

경영 활동의 관리는 의사 결정과 직결된다고 할 정도로 기업에서의 의사 결정은 매우 중요하다. 의사 결정이란 '일정한 목표를 달성하기 위해 둘 이상의 대안 중에서 하나 내지는 소수의 수단을 선택하는 인간의 합리적인 행동'이라고 정의할 수 있다. 실무자는 사무 업무를 통해 적절한 정보들을 사용하여 분석 자료나 보고서를 작성함으로써 상사의 의사 결정이 용이하도록 해야 한다. 사무 업무란 바로 이러한 문서를 만드는 작업이다.

⑤ 사무 업무는 경험에 따라 일하는 방법이 달라진다

기업은 의사 결정의 연속이라고 말한 바 있다. 의사 결정의 핵심은 사람의 판단, 즉 경험이다. 의사 결정의 방법이나 과정, 결과는 사람마다 다르다. 즉, 의사 결정을 하는 사람의 경험과 가치관 등에 따라 다르다. 또한 경험이 많은 사람과 적은 사람의 업무 처리 영역도 다르다. 경험이 많은 사람은 고난도의 판단 업무를 위주로 하고, 경험이 적은 사람은 단순 사무(쓰기, 베끼기 등)를 한다.

⑥ 사무 부문의 직원들은 매우 바쁘다

사무 부분의 직원들은 하루 종일 회의 준비하랴, 보고서 작성하랴, 상사의 수명 업무 처리하랴, 고객 만나랴, 전화 응대하랴 눈코 뜰 새 없이 바쁜 하루를 보낸다.

직원들이 이렇게 바쁜 이유는 매일 매일 쏟아지는 정보의 홍수 속에서 가장 유용하고 가치 있는 정보를 찾아내야 하기 때문이다. 즉, 정보에 유용성을 부여해야 하기 때문이다. 의사 결정에 필요한 정보를 얻기 위해 신문, 잡지, 인터넷, 게시판, e-mail 등에서 쏟아져 나오는 정보에 관련성과 충분성, 정확성, 적시성, 경제성을 부여하는 일이 바로 사무 부문에 근무하는 사람들의 기본적인 업무이다. 즉, 수집된 모든 정보를 의사 결정과 문제 해결에 관련되도록 만들어야 하고(관련성), 의사 결정에 필요한 충분한 정보를 만들어야 하며(충분성), 좀더 자세하고 확실하게 정보에 가치를 부여해야 하고(정확성), 필요한 시점에 정보를 제공해 주어야 한다(적시성). 또한 정보 획득 비용을 최대한 저렴하게

(경제성) 잡아야 하기 때문에 바쁜 것이다(한재원 외, 「사무관리개론」 참고).

⑦ 서비스는 무형성/소멸성/동시성/이질성을 갖고 있다

고객의 욕구 충족을 목적으로 사람과 설비/시설에 의해 제공되는 행위(deed), 성과(performance) 및 노력(effort)이라고 정의되는 서비스는 제조업과는 많은 차이점이 있다. 제조업과 서비스업의 가장 큰 차이점이자 서로 뚜렷이 구분되는 특징이 바로 존재 형태이다. 즉, 제조업의 존재 형태는 유형(physical)이고 서비스는 무형(intangible)이므로, 기본적으로 접근 방식이나 관리 방식이 매우 다르게 나타난다(이순철, 1997).

서비스는 유형의 대상(objects)이라기보다는 수행(performance)이다. 또한 비영구적이므로 저장이 불가능하고, 재고 관리를 할 수 없으며, 제조업체처럼 변동하는 수요에 대비하기 위해 재고를 보유할 수 없다. 즉, 재고 관리가 불가능하다. 물론 최근에는 스피드를 위해 고기를 썰어서 미리 포장해 두는 재고 개념이 일부 등장하고 있지만 제한적이다.

서비스는 생산과 소비가 동시에 발생한다. 즉, 시간에 따른 제약을 강하게 받으며, 서비스를 제공받기 전에는 미리 세어 보거나 측정하거나 조사하거나 검증할 수 없다. 미용실의 서비스는 직접 머리 손질을 받아야만 알 수 있고, 강의에 대한 서비스는 직접 강의를 들어야만 평가할 수 있는 것이다.

서비스는 노동 집약적이기 때문에 성과 표준이 사람마다 다르다. 서비스에 대한 행동 지침과 표준이 있지만 사원마다 행동이 다르기 때문에 실질적인 표준화가 만들어지기 어려우며, 사원 간에 동일한 서비스를 유지하기가 곤란하다.

　서비스는 특허를 받는 데 어려움이 있고 진입 장벽이 매우 낮기 때문에 경쟁자의 즉시 모방이 가능하다. 항공사의 마일리지 카드는 타 항공사 및 타 업종에서도 쉽게 벤치마킹하여 활용하고 있는 실정이다. 또한 서비스는 제품과 달리 운영의 위치가 국지적이고, 특정 지역 내에 한정되는 특징이 있다.

　제조업의 제품과 서비스의 차이점을 요약하면 다음의 표와 같다.

[표 3-6] 제조업의 제품과 서비스의 차이점

구분	제조업(제품)	서비스업(서비스)
형태	유형(physical)	무형(intangible)
보관(저장성)	보관 가능(재고 관리 가능)	보관 불가능(재고 관리 불가능)
시간 제약	생산과 소비의 시차 존재	동시 소비
이질성	품질 관리로 동질성 유지 가능	동일한 서비스라도 고객마다 차이 발생
설계 방식	제품과 작업자 위주의 설계	제품과 작업자, 고객까지 고려

⑧ 서비스의 중심은 사람이다

　서비스는 15초 이내의 고객과의 만남의 순간, 즉 결정적인 순간(MOT; Moment Of Truth)에 품질이 결정될 정도로 반응 시간이 매우 짧다. 따라서 고객의 다양한 욕구에 대응할 수 있는 차별화된 전략이 필요하다. 제조업과 서비스업의 기준 잣대는 고객과의 접촉도에 따라 구분될 정도로 고객(사람)과 늘 관련되어 있다([그림 3-4] 참고).

　또한 서비스 기업의 지상 과제는 고객 만족이므로 기업 위주의 내부 지향보다는 고객 위주의 외부 지향적인 전략이 필요하다. 서비스 구매

[그림 3-4] 고객 접촉도

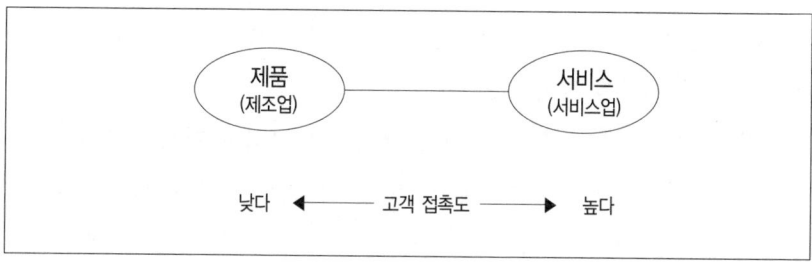

자는 조언과 도움을 얻기 위해 서비스 제공자를 찾는 경우가 많다. 즉, 서비스는 고객과의 관계가 중요하다. 따라서 고객 접점에 있는 사원들의 고객 마인드와 정신, 능력은 매우 중요하다. 서비스를 제공받는 고객과 서비스를 제공하는 사원들 모두 사람이기 때문이다.

⑨ 서비스는 객관적인 품질 평가가 어렵다

서비스는 무형이기 때문에 주관적이다. 따라서 객관적인 수치화나 계량화가 곤란하여 측정 및 평가가 매우 어렵다. 보는 사람마다 시각이 다르고, 분야는 같아도 경험의 차이에 따라, 직급의 차이에 따라 평가를 달리한다. 동일한 서비스를 제공해도 어떤 고객은 만족하고 어떤 고객은 만족하지 못한다. 또한 고객은 시간과 기분에 따라 만족도를 달리하기도 한다. 그러므로 서비스는 사람의 경험과 신뢰에 의한 주관적인 평가가 될 수밖에 없다.

2) 사무, 서비스 부문은 사람 중심으로 접근

지금까지 사무 및 서비스의 특징을 간단하게 살펴본 결과를 요약하면 다음과 같다. 제조업(제품)은 유형이므로 관찰이 가능하고 사무 및 서비스는 무형(intangible)이므로 관찰이 곤란하며, 제조업은 객관화가 가능하지만 사무 및 서비스는 객관화가 곤란하고 사람에 따라 달라지는 주관적인 특성을 가지고 있다.

이렇듯 서로 넘지 못할 특성이 있음에도 불구하고 지금까지 국내 기업의 사무 및 서비스 부문의 제안제도는 제조업의 잣대로서 도입된 것을 아무런 비판과 수정 없이 그대로 수용하여 운영해 왔다. 제조업과 사무 및 서비스의 특성을 무시한 채 '프로쿠르스테스의 침대'처럼 억지로 짜 맞추는 식으로 운영해 온 것이다.

사무 및 서비스 부문의 특징과 제조업의 차이점을 한마디로 요약하자면, 사무 및 서비스의 중심은 결국 '사람(human)'이라는 것이다. 그렇다면 사무 및 서비스의 제안 전략과 방향은 어디에 초점을 맞추어야 하는가? 바로 '사람'에게 초점을 맞추어야 한다. 제조업과는 달리 기계가 만드는 제품보다는 사람이 만드는 정보 및 업무를 대상으로 하고, 기계 자체보다는 사람의 경험과 업무 노하우를 대상으로 해야 하며, 결과 중심보다는 과정 중심의 제안활동을 전개해야 한다. 사람 중심의 제안활동은 지식 정보화 시대, 고객 만족 시대, 디지털 시대에 적합한 활동이기도 하다. 21세기 지식 정보화 시대의 주역은 바로 사람의 창의력이기 때문이다.

사무 및 서비스 부문에 맞는 사람 중심의 제안활동이란 무엇을 뜻하는가? 사람 중심의 제안활동은 사람과 관련된 모든 업무 처리(input, process, output 등)를 제안으로 인정하여 추진하는 방법을 말한다. 즉, input에 해당하는 사람의 아이디어 및 경험을 최대한 살리는 아이디어 제안을 도입하고, 프로세스에 해당하는 업무 자체를 제안으로 인정하는 업무제안, 사람의 질을 향상시키는 인재향상제안, 사람의 경험과 업무 노하우, 지식을 활용하는 지식창출제안(지식제안), 사례집 발간보다는 의식을 향상시키는 교육 중심의 제안을 도입하여 운영하는 것을 말한다. 또한 output에 해당하는 업무 성과물을 제안으로 인정하고, 고정적이고 정적이며 무형적인 것보다는 변동적이며 적응성이 강한 무형적인 것들을 제안의 제도권으로 끌어들여야 한다는 것이다.

이렇게 사무 및 서비스 부문에 맞는 제안 추진 전략 및 방향을 요약하면 다음의 표와 같다.

[표 3-7] 사무 · 간접 서비스 부문의 제안 추진 전략

구분	업종 특징	제안 추진 전략	비고
사무/ 간접 부문	1. 업무 연결	• 업무 자체를 대상으로 하는 제안 창출	업무제안 추진
	2. 정보 창출	• 정보 생산 활동도 제안으로 인정	업무제안 추진
	3. 인간 중심의 일	• 사람의 질을 향상시키는 제안 • 표준화보다는 실천 의식이 중요	인재양성제안 추진/ 교육 강조
	4. 의사 결정 지원	• 업무 결과물을 제안으로 인정	업무제안 추진
	5. 사람의 경험 중요	• 직원의 아이디어 적극 활용 • 사람의 경험을 제안으로 인정 • best practices를 벤치마킹	아이디어제안/ 지식제안/ 중복 제안 인정
	6. 직원들이 바쁘다	• 즉결식 심사 방법 도입 • 제안 처리 전산화	즉결식 심사/ 전산 시스템 구축
서비스 부문	7. 무형성/소멸성 등	• 효과 산출 방법 간소화 • 문제 발견형 교육보다는 목표 달성형 교육	무형 효과 인정/ 교육 방법 변경
	8. 서비스 중심은 사람	• 사람의 질을 향상시키는 제안 • 표준화보다는 실천 의식이 중요 • 고객 만족을 추진하는 제안활동	인재양성제안 추진/ 교육 강조/ 고객 제안 도입
	9. 객관적 품질 평가 곤란	• 산출 방식 세분화 불필요 • 경험적, 직관적 산출 방법 도입	무형 효과 인정/ 경영 기여도 평가

※ '[표 3-1] 업종 특성에 맞는 제안 추진 전략' 중 사무 · 서비스 부분만 발췌.

2. 아이디어제안과 실시제안의 병행

1) 제안제도의 변화 모습

기업에서 도입, 운영한 제안제도의 변화 모습을 보면 초기의 아이디어제안에서 개선제안으로, 그리고 개선제안에서 실시제안으로 변화되었고, 최근에는 지식제안으로 변화하고 있다고 한다.

[그림 3-5] 제안제도 발전 단계

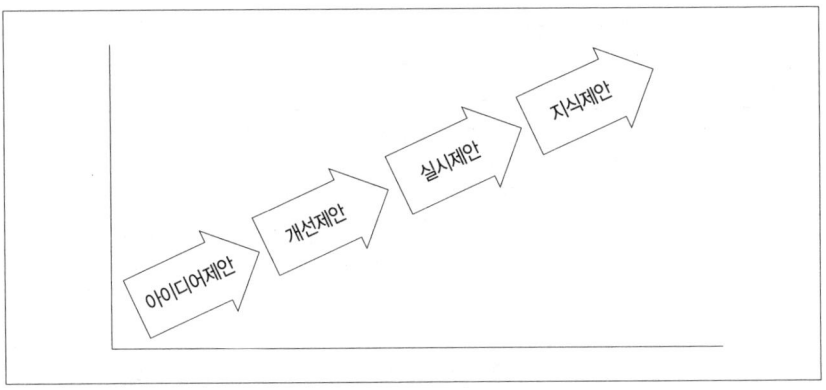

제안활동 초기 단계에서는 사원들의 아이디어를 폭넓게 수렴하려는 목적으로 아이디어제안제도 형태를 운영하였다. 이러한 제안제도의 맹점은 구체성과 실현성이 부족한 제안들이 많은 부분을 차지하게 되어 보다 발전된 형태인 개선을 중시하는 개선제안제도로 이행하였다. 그러나 이 개선제안도 아이디어제안제도보다는 발전했으나 개선안을 실행하는 데에는 여전히 문제점을 안고 있었다. 1990년대 중반 이후에는 많은 기업들이 개선을 실천할 수 있는 실시제안으로 발전되다가 기업 환경이 급격하게 변하는 상황에서 실시제안으로만 변화에 대응하기에

168

는 분명한 한계가 있어 지식제안으로 발전하게 되었다(박철희, '지식제안 이렇게 실천하라', 2000).

2) 아이디어는 제안활동의 기본

그 동안의 제안활동은 위에서 지적한 대로 아이디어 타입에서 개선 타입, 실시 타입, 지식 타입으로 발전해 왔다. 많은 기업들이 현재 실시 제안을 추진하고 있고, 지식제안을 도입하려 하고 있다.

그러나 이렇게 되다 보니 아이디어제안은 초기의 제안 형태로서 수준이 낮고 많은 문제점을 가진 제도로 인식되었다. 이 때문에 아이디어제안을 도입하려 하면 별 효과가 없는 구제도를 도입하는 게 아니냐는 반응이다. 아이디어제안제도는 정말 수준이 낮고, 문제가 많은 것일까?

제도의 발전은 늘 좋은 방향으로 이루어져야 한다. 환경 변화에 대응하면서 변화해야 함은 당연하다. 제도의 발전이 좋은 방향으로 이루어진다면 개선제안은 아이디어제안보다 좋고, 실시제안은 개선제안보다 좋고, 지식제안은 실시제안보다 좋은 것일까? 그렇지는 않을 것이다. 아마도 제안제도는 환경 변화와 문제점들이 맞물리면서 발전해 왔을 것이다. 그러므로 아이디어제안은 수준이 낮고, 지식제안은 수준이 높다고 할 수는 없다.

아이디어는 제안활동의 기본이다. 모든 제안의 시작은 아이디어이다. 그런데 아이디어를 너무 어렵게 이해하는 것이 문제이다. 아이디어는 머리가 좋고 영리한 사람만이 가지고 있는 것으로 착각하는 사람들이 있는데, 절대 아니다. 아이디어는 평범한 것이다. 경험이 많은 사람은 많은 아이디어를 가지고 있다고 한다. 그러면 경험이란, 특히 기업에서의 경험이란 무엇인가? 바로 업무 처리 과정에서 발생하는 각종 시행착오의 결집이다. 무슨 시행착오인가? 바로 결과물을 내는 시행착오이다.

아이디어는 업무 처리 과정에서 발생해야 한다. 업무 처리란 input을 받아서 output을 내는 것이라고 했는데, 아이디어는 이 결과물인 output이 잘 나오도록 생각하는 것이다. 결과물이 잘 나오도록 생각하는 것이 바로 아이디어인 것이다.

아이디어제안은 자신의 일이 잘되도록, 즉 결과물이 잘 나오도록 운영되어야 하는데, 그 동안은 타 부서의 문제점을 지적하고 바꾸라는 요청을 하는 식으로 운영되었기 때문에 실행되지 않고 문제로서만 인식되었던 것이다. 아이디어제안이 개선제안 또는 실시제안으로 바뀐 것은 무언가 잘못되었다. 아이디어제안이 개선제안, 실시제안으로 변경될 것이 아니라 아이디어는 계속 유지되어야 한다. 업무 처리는 과거나 지금이나 동일하기 때문이다.

3) 아이디어와 실시는 병행해야 한다

아이디어제안이 실시를 하지 않은 상태에서 요청이나 요망을 이야기하는 것이라면, 실시제안은 이미 실행을 하여 결과가 나온 것이다. 일을 하다가 좋은 아이디어가 있으면 아이디어제안을 이용해서 제안하고, 아이디어제안을 하지 않은 상태에서 자기 혼자 또는 부서에서 이미 완료를 했으면 실시제안을 통해 그 결과를 제안하면 된다. 굳이 아이디어제안을 버리고 실시제안으로 갈 필요는 없는 것이다. 아이디어가 단순히 실시하지 않았다는 이유로 무시되는 현실은 그리 좋은 모습은 아니다. 사원들은 항상 창의적인 생각을 할 수 있는데, 그것을 받아들일 수 있는 제도가 마련되어 있지 않다면 어떻게 되겠는가?

유맨(Uman, 1969)은 신제품에 대한 아이디어가 제거되는 과정을 연구했다. 51개 기업을 대상으로 신제품 아이디어의 소멸 과정을 분석한 그의 연구 결과에 의하면 60개의 신제품 아이디어 중 단 하나만이 성공적인 제품으로 귀착되었다고 한다. 즉, 대부분의 아이디어는 초기 단계에서 소멸된다는 것이다. 이렇게 어떤 아이디어가 실제 기업에서 적용되어 효과를 발하기까지 수많은 아이디어가 생성과 소멸을 반복하면서 적용되는 것이다.

하나의 아이디어가 회사를 살릴 수도 있는데, 그것을 받아 줄 수 있는 제도가 없다는 것은 소극적인 문화인 것이다. 실행이 되지 않아도 아이디어는 그 자체로서 의미가 있다. 아이디어제안과 실시제안을 병행해서 언제라도 사원들의 창의적인 아이디어를 활용할 수 있도록 해야 한다.

3. 제안양식의 간소화

제안에는 개선 전후를 구분하는 개선의 방식도 있지만, 개선 후인 목표를 바라보고 하는 제안도 있다. 그래서 개선 전과 개선 후를 고집하지 말고 제안양식을 다음과 같이 e-mail 작성하듯이 간소화하는 것이 바람직하다([그림 3-6] 참고).

새로운 제안양식을 사용하면 제안 내용에 개선 전이나 개선 후, 효과를 원하는 대로 작성할 수 있다. 제안은 반드시 서론, 본론, 결론 등 완벽하게 순서가 맞지 않아도 된다. 제안 내용에는 제안자가 원하는 것을 얼마든지 작성할 수 있다.

[그림 3-6] 새로운 제안양식

			제안서			
제목				소속		
(제안 내용: 문제, 개선점, 효과)						

4. 팀장에게 권한 위양

1) 팀장에게는 능력이 있다

제안의 모든 프로세스를 팀장에게 위양하라. 제안의 모든 것이란 제안 목표 수립, 제안 제출 독려 및 지도, 제안 심사, 제안 포상금 결정 등 제안의 모든 프로세스를 말한다.

현재 많은 기업들이 팀제를 도입하여 운영하고 있다. 팀장이 많은 권한을 가지고 목표 달성을 위해 팀을 운영하고 있다. 제안의 모든 프로세스를 팀장에게 위양한다는 것은 제안을 팀의 목표 달성 수단으로 간주하여 팀장이 알아서 활용하라는 뜻이다. 제안이 올라오면 실시 여부 및 등급 결정에 대해 팀장이 결론을 내리는 것이다. 팀장 정도면 거의 모든 것을 알 수 있다.

과연 제안이라는 것이 팀장에게 위양할 수 없을 정도로 고난도의 기술과 전문성을 가져야 하는 것인가? 팀장에게 권한을 준다면 이를 훌륭히 소화해 낼 수 있다. 한 기업의 팀장이라면 보통 동일 분야, 또는 유사 분야에 10년 이상 근무한 사람으로 임명하게 된다. 회사 생활 10년이면 웬만한 업무는 파악하고 있기 마련이다. 물론 100% 알지 못하는 경우도 있겠지만, 어떤 내용이며 어떻게 결론을 내려야 한다는 정도는 알고 있다. 이렇듯 팀장에게 회사 내 팀 업무 목표와 관련해서 많은 권한이 주어져 있는데 제안은 못 줄 이유가 없는 것이다.

2) 팀장은 제안을 팀 목표 달성 수단으로 활용

제안을 팀장에게 위양하는 방법은 다음과 같다. 우선 팀장은 팀의 미션, 방향, 목표를 팀원에게 공지한다. 그런 다음 팀원들에게 이러한 목표 및 방향을 달성할 수 있는 방법에 대한 아이디어를 내라고 한다(목표 부여). 이에 따라 모든 팀원들은 자신이 소속된 팀의 업무 목표 달성을 위해 각자 아이디어를 내게 된다. 아이디어 내용은 팀마다 다르다. 이는 제안 대상이 팀마다 다르기 때문이다.

이렇게 팀장에게 제안을 위양하게 되면 팀장은 자기 팀의 업무 목표 달성을 위해 제안을 활용하기 때문에 팀의 업무가 매우 활발하게 적극적으로 처리될 것이며, 업무 목표도 쉽게 달성될 것이다.

제안으로 팀의 업무 목표가 잘 달성되었다면 이는 팀원들이 팀의 업무 목표 달성을 위해 많은 아이디어를 냈다는 증거이자 제안을 많이 한 증거이다. 반대로, 팀의 업무 목표가 잘 달성되지 않았다는 것은 팀원들이 열심히 일하지 않았다는 의미이다. 이는 아이디어를 잘 내지 않았다는 증거이자 제안을 많이 내지 않은 증거로 볼 수 있다.

3) 제안 활성화 여부는 팀장의 책임

이러한 이유 때문에 결국 제안의 활성화 여부는 제안 사무국의 책임이 아니라 팀장들의 책임이다. 즉, 팀장이 자기 팀의 업무 목표 달성을 위해 팀원들이 제안한 내용을 많이 채택해 주거나(실질적으로 자신의 업무이므로 채택이 될 수밖에 없다) 개선 완료된 사항도 평가를 잘 해주어 제안 포상금을 많이 주면 조직이 매우 활성화될 것이다. 그리고 이에 따라 제안도 계속 활성화될 것이다.

반면, 팀원들이 업무 목표 달성을 위해 제출한 아이디어에 대해 팀장이 '그건 당연히 해야 할 사항인데 왜 제안을 하느냐'고 질책한다면 팀원들은 제안을 주저하게 되어 제안을 잘 하지 않게 될 것이다. 이러면 채택률도 낮고 포상금도 줄어 팀원들의 사기가 떨어질 것이고, 따라서 일의 성과도 저조해질 것이다.

제안 리더십이 훌륭하다면 팀원들의 아이디어를 많이 채택해 주고, 작은 일에도 많은 포상을 하게 된다. 팀원들은 업무 목표 달성을 위해 더 적극적으로 아이디어를 내게 될 것이다. 그러면 업무 목표 달성도 용이해지고, 조직이 더 활성화되는 제안의 선순환이 이루어진다. 하지만 당연히 해야 할 일이라고 하여 채택해 주지 않고 큰 효과에만 포상한다면 제안을 어렵게 여긴 팀원들이 아이디어를 적게 내게 되므로, 업무 목표 달성이 잘 이루어지지 않는 제안의 악순환이 형성될 것이다. 제안 선순환과 악순환은 결국 팀장 하기에 달려 있는 것이다.

5. 심사표 폐지로 즉결식 심사

1) 제안 심사에 직관과 경험 사용

상사의 주 업무는 끊임없는 의사 결정이라고 할 수 있다. 의사 결정이란 회사의 방향과 전략 등에 맞추어 바람직한 방향으로 나갈 수 있도록 현상에 대해 판단을 해주는 것이다. 상사가 의사 결정을 할 때 심사표를 사용하여 점수를 매기는 것은 제안제도뿐이다. 일반 업무에 관련된 의사 결정은 상사의 경험과 능력에 의해 직관적으로 이루어지고 있다.

심사자는 대단히 바쁘다. 그러므로 모든 업무들을 다 제쳐 두고 제안 심사만 해줄 수는 없다. 그렇다면 바쁜 심사자들이 빨리 심사를 하도록 할 방법은 없을까? 심사 방법을 간소화하고 심사자의 부담을 덜어 주면 된다. 심사 방법을 현재의 심사표 방법에서 경험 방식으로 바꿔 주는 것이다.

부서장이나 조직을 책임지고 있는 사람이라면 적어도 내 부서, 내 조직의 일을 다른 누구보다도 잘 알고 있다는 확신이 있기 때문에 부서에 관한 일이라면 어떠한 제안이 올라오더라도 그것이 유용한 것인지 아닌지를 직감적으로 판단할 수 있다. 즉, 업무 회의에서 어떤 의견이 제출되면 꼭 제안 심사표대로 창의성, 노력도, 난이도 등 점수로 환산하지 않아도 경험으로 판단하여 실천 여부를 그 자리에서 즉시 결정하듯, 제안 심사 방법 역시 심사표를 폐지하고 즉결식 경험 방식으로 하자는 것이다.

2) 제안의 90%는 즉결식으로도 가능

국내 기업에서 제출된 제안 건수의 분포를 보면 회사에서 제출된 총 제안 중 90% 정도는 하위 3등급에 분포하고, 나머지가 중·고등급에 분포되어 있다. 즉, 다음의 표에서 보는 바와 같이 제안의 대부분이 하위 3등급에 속한다고 볼 수 있다.

[표 3-8] 등급별 제안 분포 현황

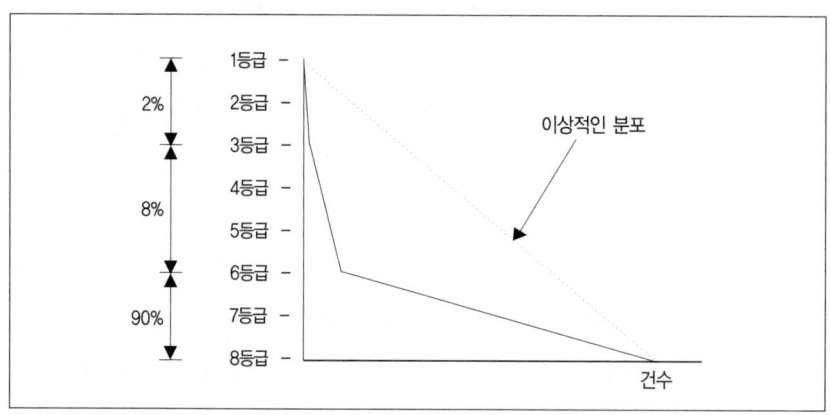

이런 결과로 정확하게 심사표를 사용해도 하위 3등급이 90%이고, 직관에 의한 즉결식으로 심사해도 90% 정도가 하위 3등급이라면 심사표 사용은 무의미해진다. 정확히 계산한 결과나 대충 계산한 결과가 비슷하다면 무엇 때문에 시간을 투자해서 정확히 하겠는가? 어차피 복잡한 심사표를 가지고 점수를 내어도 저등급 제안이 대부분이라면 모든 제안에 일일이 점수표에 의해 점수를 산출할 필요는 없을 것이다.

6. 제안 등급을 3단계로 간소화

1) 아이디어제안은 3등급으로 심사

아이디어제안을 도입하여 운영하는 회사 중에는 심사표에 의해 점수를 내어 아이디어 채택 여부를 결정하는 식으로 운영하고 있는 회사들도 있다. 그러나 아이디어를 점수로 환산한다는 것은 사실 바람직하지 못하다. 점수로 채택하다 보니 실제 실시를 못하는 경우가 허다하다.

아이디어제안은 철저하게 실행 가능성을 심사 기준으로 삼아야 한다. 아무리 아이디어가 좋더라도 당장 실행이 되지 않는다면 큰 의미가 없다. 당장 그 아이디어를 가지고 장사를 할 것은 아니기 때문이다. 기업에서의 아이디어는 좋은 결과물을 산출하는 것이라고 볼 때, 결과물 산출에 도움을 주지 못하는 것은 그것이 좋은 아이디어라 해도 당장은 필요가 없는 것이다. 심사자는 제안 내용을 읽어 본 후 즉결식으로 자신의 팀이 할 수 있는 것이라면 채택으로, 실시할 수 없다면 불채택으로 심사해 주면 된다.

〈아이디어제안 심사 기준〉
아이디어 심사 기준 → 심사 부서에서의 실시 가능성으로 즉결식 판단

제안 내용을 읽어 보아 자신의 팀이 당장 실시할 수 있는 여력(인원, 예산 등)이 있는 경우 아이디어를 채택하게 되는데, 심사자가 실시자 및 실시 예정 기한을 지정한다. 아무리 아이디어가 훌륭하고 내용이 좋아도 당장 팀의 인원 및 예산, 회사 사정 등을 고려하여 실시할 수 없다고 판단되면 과감히 불채택을 해야 한다. 머뭇거릴 필요가 없다.

하지만 팀장이 바뀌면 그 제안이 채택될 수도 있다. 현재의 심사자가

보기에는 여러 가지 경험이나 회사 사정을 고려하여 실행할 수 없다고
느낄 수 있지만, 다른 심사자는 현재의 심사자와 동일하게 보지 않을
수도 있으므로 이 제안 내용을 채택시켜 줄 수도 있는 것이다. 결국 채
택 여부는 그 당시 심사자의 고유 권한이자 의사 결정 사항이다.

불채택과 유사한 배제, 기각, 보류 등의 용어는 심사자를 기준으로
나온 것으로, 제안자 입장에서는 상당히 불유쾌한 용어이다. 따라서
'불채택' 이라는 용어도 바꾸는 것이 좋다. 다음의 표와 같이 이를 2가
지로 나누어 단순 건의 사항은 '건의' 로 처리하고, 아이디어는 좋은데
당장 실행할 수 없는 것은 '참가' 로 구분하는 것이다.

[표 3-9] 아이디어제안의 3등급 심사

등급	기준	비고
채택	아이디어대로 실시하겠다는 의미	실시자 및 실시 예정 기간 지정
참가	건의 차원이 아닌, 실시할 수 없는 아이디어	불채택 제안
건의	단순 요망 사항 및 불만 사항	불채택 제안

'건의' 는 그야말로 말도 안 되는 내용이다. '참가' 는 불채택이 되었
지만 제안에 참여해 주어 고맙다는 의미이다. '채택' 은 아이디어대로
실시하겠다는 것이다. 건의는 시상금 없이 단순히 제안 건수만 인정해
주고, 참가와 채택은 시상금과 제안 건수 모두를 인정해 준다(시상금에
대한 내용은 뒤에 상세히 다루기로 한다).

2) 실시제안도 3등급으로 심사

실시제안의 심사 기준은 아이디어제안과는 달리 이미 실시 완료가

되었기 때문에 채택 여부는 의미가 없다. 다만 실시 결과가 경영에 얼마나 도움이 되었나, 얼마나 영향을 줄 것인가 등의 경영 기여도에 의해 다음의 표와 같이 '우수', '보통', '단순'의 3등급으로 결정한다.

[표 3-10] 실시제안의 등급 결정 기준 및 3등급 심사

■실시제안 심사 기준 → 경영 기여도에 의한 즉결식 평가

등급	기준	비고
우수	개선 내용이 팀 및 전사에 많은 도움을 주는 제안 (유형 효과 큼)	추천 가능함
보통	개선 결과가 일반적인 기대 수준 정도인 제안 ('우수'와 '단순'의 중간 수준 제안)	
단순	개선 결과가 기대 수준 이하이거나 경영 기여도가 크지 않은 제안	

경영 기여도는 그 실시제안이 기업 경영에 얼마나 도움을 주었는가에 의해 평가한다. 그 기여도는 팀이 될 수도, 사업 본부 차원이나 전사 차원이 될 수도 있다. 그러나 궁극적으로는 회사의 발전적 방향이 기준이 된다.

평가 등급 중 '우수'는 실시한 결과의 경영 기여도가 우수하게 나타난 경우이고, '단순'은 경영 기여도가 별로 없는 경우이며, '보통'은 '우수'와 '단순'의 중간 정도이다. '우수'는 별도의 기준 없이 심사자의 의사 결정 기준에 의한다. 심사자 입장에서 실시 내용을 보았을 때 팀이나 제안이 회사 경영에 큰 기여를 했다고 느껴지면 이 등급을 주는 것이다. 따라서 이 기준으로는 동일한 실시 내용에 대해서도 심사자마다 평가가 다르게 나타난다.

예를 들어, 실시 효과가 500만 원인 제안이 인사팀에 1개, 자재구매 팀에 1개, 생산팀에 1개가 있다고 하자. 각각의 제안 효과는 동일하다. 이 회사의 실시제안 평가 기준이 500만 원이 넘는 경우 4등급을 부여한 다고 했을 때, 이 기준에 의하면 위 3개의 제안은 모두 4등급이 될 것이 다. 그러나 위 등급 결정은 그 제안이 적용되는 팀의 특성과 환경을 고 려하지 않은 무조건적이고 획일적인 평가 기준이 된다. 즉, 같은 500만 원이지만 인사팀에서 500만 원의 효과를 내는 것과 자재구매팀에서 500만 원의 효과를 내는 것과는 그 난이도에 있어서 차이가 있다. 인사 팀에서의 500만 원은 어려운 가운데 유형 효과를 창출했기 때문에 고 등급이 될 수 있지만, 자재구매팀에서는 구매 방법을 어떻게 바꾸느냐 에 따라 몇 천만 원, 혹은 몇 억 원의 효과를 낼 수 있으므로 사실 500 만 원은 저등급으로 평가할 수도 있는 것이다.

[표 3-11] 동일 효과의 의사 결정 기준 평가

부서	효과	획일적 기준 평가 (규정에 의거)	심사자 의사 결정 평가 (팀 특성 고려)
인사팀	500만 원	4등급	2등급
자재구매팀	500만 원	4등급	5등급
생산팀	500만 원	4등급	4등급

결국 등급 결정도 일정한 기준에 의한 것이 아니라 팀마다 다르게 나타남을 알 수 있다. 이를 심사자의 의사 결정 권한으로 위임하라는 것이다.

3) 정말 우수한 제안은 별도 추천 의뢰

제안 포상은 각각의 등급에 따라 동일하게 적용되는데, 이 중에는 실시 효과가 정말 큰 제안도 있다. 몇 천만 원을 넘어서 몇 억 원의 효과를 내는 제안이 있다고 할 때, 이 제안도 일단은 '우수'로 평가해 준다. 동일한 분야에서 1,000만 원대의 효과와 억대의 효과가 같은 등급이 되면 억대의 효과를 창출한 실시자는 불만을 갖게 될 것이다. 따라서 정말 효과가 큰 '우수' 이상의 제안이 나온다면 '추천'이라는 등급을 하나 추가하여 운영한다.

'추천'은 팀장 선에서 포상하기에는 아까운 제안으로, 회사 차원의 추가 포상을 상위 그룹에 요청하는 형식이 된다. 그러면 상위 그룹은 이 제안을 별도 심사하여 포상위원회를 통해 추가 포상을 한다. 사실 이런 등급의 제안은 1년에 몇 개 나오지 않으므로, 이 때문에 굳이 등급을 복잡하게 할 필요는 없다.

이렇게 제안 심사를 3단계로 하면 아무리 제안이 많아도 내용을 읽어 본 후 즉시 평가를 내릴 수 있기 때문에 심사 속도도 빨라지고, 심사자는 심사의 굴레에서 벗어날 수 있게 된다. 복잡한 심사표를 사용하여 심사를 공정하고 객관적으로 하는 것도 중요하지만, 덜 공정하고 덜 객관적인 답변일지라도 즉시 제안 결과를 피드백해 주는 것이 제안자를 위한 방법이 될 수 있다.

7. 제안 프로세스와 포상 프로세스를 구분

1) 저등급은 제안 프로세스, 고등급은 포상 프로세스로 구분한다

현재 운영되고 있는 1차, 2차, 3차 심사의 형태를 제안 프로세스와 포상 프로세스로 구분하여 운영한다. 1차 및 2차 심사를 제안 프로세스로 보고, 3차 심사는 포상 프로세스로 운영 형태를 바꾸는 것이다. 일반적인 제안에 해당하는 것은 제안 프로세스에서 종결짓고, 고등급인 경우에는 포상 프로세스에서 별도의 심사를 한다([그림 3-7] 참고).

2) 제안 프로세스는 팀장 선에서 종결

제안 프로세스는 팀장 선에서 종결짓는다. 제안 제출부터 심사, 효과검증, 포상까지를 팀장 권한에 두는 것이다. 아이디어제안의 채택, 참가, 건의와 실시제안의 우수, 보통, 단순의 3등급 심사는 모두 팀장 선에서 종결을 하고, 팀장이 결정한 제안에 대해서는 등급에 따라 포상을 해준다. 단, 효과가 큰 고등급은 '추천'으로 심사하여 별도의 포상을 할 수 있도록 포상위원회에 넘긴다.

3) 고등급 심사위원회를 포상위원회로 변경

포상위원회는 현행 임원 심사위원회를 활용하며, 월 1회, 또는 분기 1회 임원들이 모여 각 팀장들이 추천한 제안들을 심사해서 별도의 포상을 주는 형태로 운영한다.

포상위원회의 운영 방식은 추천 제안에 대해 심사하되, 실무자처럼 계산기 놓고 따지지 말고 제안 진행 과정이나 고충, 효과 등에 대해 전체적으로 들어 보는 방식이 되어야 한다. 가끔 임원들이 너무 실무적으

[그림 3-7] 제안과 포상 프로세스 구분

구분	제안 프로세스			포상 프로세스			
	제안자	실시자	심사자	본부 사무국	본부 포상	전사 사무국	전사 포상
처리 Flow	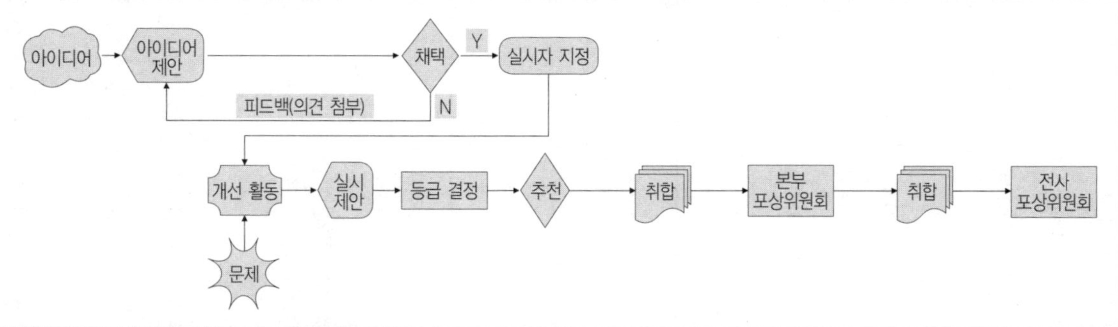 아이디어 → 아이디어 제안 → 개선 활동(문제) → 실시 제안 → 등급 결정 → 추천 / 채택 Y→실시자 지정, N→피드백(의견 첨부)			취합 → 본부 포상위원회		취합 → 전사 포상위원회	
효과 산출	Option			의무 사항			
심사 기준	〈아이디어제안〉실시 가능성, 〈실시제안〉경영 기여도			경영 기여도			
심사양	없음			있음(별도 심사표)			
시기	수시			〈본부 포상〉월 1회, 〈전사 포상〉연 1회			
포상	〈아이디어제안〉 채택 참가 건의	〈실시제안〉 추천 수 보통 단순			〈본부 포상〉 최우수상 우수상 장려상		〈전사 포상〉 대상 금상 은상 동상

로 따지기 때문에 고등급 제안을 낸 사람은 발표 자료 및 답변 자료 준비를 위해 밤을 새우기도 한다. 이렇게 스트레스를 받다 보니 고등급 제안 제출을 후회하는 경우도 생기고, 아예 상을 포기하고 발표회에 참석하지 않겠다는 사원도 있다.

포상위원회는 심사하는 자리라기보다는 포상을 주는 축제의 자리가 되어야 한다. 이를 위해 포상위원회는 추천된 제안에 대해 최우수상 1개, 우수상 2개, 장려상 3개 등을 선정하여 추가 포상을 해준다.

[표 3-12] 포상위원회의 제안 등급 및 인원

월 또는 분기		연	
등급	인원	등급	인원
최우수상 우수상 장려상	1명 2명 3명	대상 금상 은상 동상	1명 1명 2명 3명

8. '20:80 법칙'에 의한 효과 산출

1) '20:80 법칙'

제안자의 효과 산출을 간편하게 해줄 수 있는 방법은 무엇일까? 간단하다. 큰 것만 잡는 방식의 '20:80 법칙'에 의해 산출 근거를 작성하면 되는 것이다.

'20:80 법칙'은 예를 들면 우리 나라 부의 80%를 소수의 20% 기업이 다 가지고 있다거나, 부서에서 제안을 제출하는 몇 명(20%)이 부서 전체 건수의 대부분(80%)을 맡고 있음을 말한다. 즉, '20:80 법칙'이란 소수의 20%가 전체의 80% 분량을 차지하고 있음을 뜻하는 것이다.

[그림 3-8] '20:80 법칙'

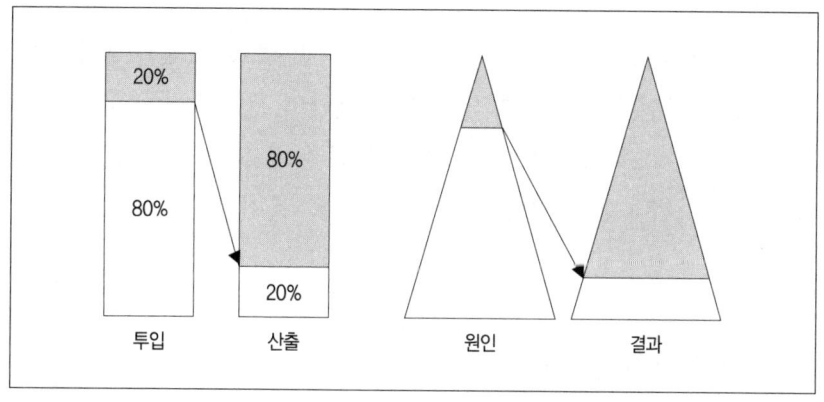

제안 효과도 마찬가지이다. 소수(20%)의 제안 효과를 더한 것이 다수 (80%)의 유형 효과를 더한 것보다 크다. 고등급 한두 건의 유형 효과가 나머지 전체 건수의 효과를 더한 것보다 크다는 것이다. 이러한 이유로 유형 효과는 상위 20%에 대해서만 산출한다.

2) '추천' 제안만 효과 산출

효과 산출은 실시제안 심사 때 '추천'으로 된 것만 골라 유형 효과를 산출해도 충분하다. 혹은 가시적으로 나타낼 수 있는 팀의 대표적인 제안만 월 1건씩 산출해도 충분하다. 나머지는 효과 산출을 하지 않아도 된다.

실지로 개선 효과를 본 것 중에서 눈으로 확인이 가능한 대표적인 제안 몇 개를 골라 정확히 산출 근거를 작성하여 취합한다면 얼마든지 제안 효과를 집계할 수 있다. 즉, 제안 사무국은 각 부서에서 월 1회 정도 실제 개선한 것 중 대표적인 것 1개만이라도 제대로 효과를 산출해서 제출하도록 하여 취합해서 경영층에 보고하면 실질적인 효과를 보고할 수 있다.

경영자가 경제 효과에 대해 물으면 대표 제안으로 집계된 효과 금액을 보여 주면 된다. 검증되지 않는 모든 제안의 제안 효과를 더해서 부풀린 상태로 보고하는 것보다는 비록 금액은 적을지라도 실질적 집계를 하여 보고하는 것이 경영층의 신뢰를 얻을 수 있다.

9. 포상 방법의 현실화

1) 채택은 아이디어상, 실시는 등급 포상으로

아이디어제안은 개선을 하지 않아도 얼마든지 제안할 수 있다는 특성이 있는데, 어떤 기업은 실시를 해보지도 않고 예상만으로 많은 포상을 하는 경우도 있다. 이렇게 되면 포상금을 받고도 실시를 하지 않아 관리도 안 되고, 회사 입장에서는 돈은 돈대로 나가면서 실시는 하지 않는 모순이 생기게 된다. 또한 제안자는 효과 금액을 잔뜩 부풀려서 등급을 잘 받기 위해 노력하게 된다.

비록 아이디어제안일지라도 개선이 안 되면 시상금을 주지 않거나, 적게 주어야 한다. 제안의 목적은 제출이 아니라 개선을 해서 효과를 내는 것이기 때문이다. 따라서 아이디어제안이 채택되면 단순히 채택상을 주고, 실시제안은 등급에 따라 포상을 하는 형식이 되어야 한다.

2) 제안 포상은 가급적 현금으로

제안 포상의 종류는 여러 가지이다. 많은 기업들이 제안 포상을 현금으로 하고 있지만, 아직도 현금 대신 물건이나 쿠폰으로 주는 기업도 있다. 제안자 입장에서는 당장 돈으로 환산할 수 있는 쿠폰이나 상품권 등에 대해서는 별 불만이 없지만, 물건으로 주는 경우에는 다소 불만을 갖기도 한다.

가능하면 제안 시상금은 현금이나 현금 대용품으로 주는 것이 좋다. 실지로 기업에서 면담을 해보면 현금을 가장 선호함을 알 수 있다.

3) 제안 마일리지 제도 도입

요즘에는 현금과 동시에 제안 마일리지를 부여하는 기업이 늘어나는 추세이다. 마일리지는 제안을 지속적으로 유도할 수 있는 좋은 '당근'이 된다. 채택이 되거나 실시가 된 제안에 대해 적절한 마일리지를 주는 것은 매우 바람직한 현상이다.

마일리지는 항공사나 신용 카드 회사에서 운영하는 것처럼 일정한 마일리지가 적립되면 그 마일리지에 해당하는 상금이나 현금을 지급하고, 잔여 마일리지를 계속해서 관리하는 방식으로 한다.

4) 현금과 마일리지 공동 운영의 예

제안 포상에 대한 현금과 마일리지의 공동 운영 방식은 [표 3-13]과 같다. 이 표를 보면 아이디어제안과 실시제안을 구분해서 각각의 마일리지를 부여해 주는데, 아이디어제안과 실시제안의 마일리지가 각각 다르다. 마일리지는 아이디어보다는 실시한 제안에 부여해 주는 것이 바람직하다. 막연한 아이디어보다는 작은 것이라도 개선을 하는 것이

더 중요하기 때문이다.

[표 3-13] 현금과 마일리지의 공동 운영 사례

□일반 제안 포상(팀장 위양)

제안 구분	시상 종류	시상금(현금)	마일리지	비고
아이디어제안	채택	5,000원	5M	
	참가	1,000원	3M	
	건의	없음	1M	제안 건수 인정
실시제안	우수	2만 원	20M	
	보통	1만원	10M	
	단순	5,000원	5M	

□특별 포상(포상위원회에서 결정)

구분	시상 종류	시상금(현금)	마일리지	비고
월 또는 분기 포상	최우수상(1)	30만 원	100M	탈락 시 포상 없음. 전사 포상 추천
	우수상(2)	10만 원	70M	
	장려상(3)	5만 원	50M	
연 포상	대상(1)	100만 원	500M	해외 연수 기회
	금상(1)	70만 원	300M	
	은상(2)	50만 원	200M	
	동상(3)	30만 원	100M	

【신개념의 제안제도 모습 요약(K사 적용 사례)】

항목	개선 전	개선 후
제안의 범위	경영 합리화, 업무 개선, 사기 향상 등 회사 및 임직원과 관계가 있는 모든 사항을 대상으로 하며, 이를 개선하기 위해 창의적 의견 또는 고안 등을 제시함을 말한다. 또한 업무 개선까지도 그 영역으로 둔다.	회사의 업무 목표를 달성하고 개인별 업무 분장에 준하는 업무와 관련된 모든 사항을 포함한다.
제안 종류	개인 제안/공동 제안	아이디어제안/실시제안/지식제안
심사 방법	1) 심사 단계 　채택 심사 → 1차 심사 → 2차 심사 2) 심사자 　채택 심사: 팀장 1인 　1차 심사: 부서장/지사장(12명) 　2차 심사: 본부장/사장(1인 또는 전체) 3) 심사 방법 　채택 심사: 즉결식 　1차 심사: 심사표에 의한 채점 심사 　2차 심사: 위원회 임의 평가	1) 심사 단계: 1~2단계 　아이디어제안: 채택 심사 　실시제안: 등급 결정 2) 심사자 　채택 심사: 팀장 1인(권한 위임) 　등급 결정: 팀장 1인(권한 위임) 3) 심사 방법 　채택 심사: 즉결식 　등급 결정: 즉결식
제안 등급	• 심사표에 의한 구분(10등급) 　특급 　1급 　2급 　3급 　4급 　5급 　6급 　7급 　8급 　참가	• 아이디어제안(3등급) 　채택: 실시 가능 　참가: 실시 불가 　건의: 인사상 불만, 조직 와해 등 • 실시제안(3등급) 　우수: 결과가 기대 이상(추천 가능) 　보통: 우수와 단순의 중간 　단순: 결과가 기대 미만 • 포상 등급 　분기 포상: 최우수상, 우수상, 장려상 　연말 포상: 대상, 금상, 은상, 동상

등급 결정	• 심사표에 의한 구분(10등급) 　특급(96~100) 　1급(91~95) 　2급(86~90) 　3급(81~85) 　4급(74~80) 　5급(66~73) 　6급(56~65) 　7급(46~55) 　8급(30~45) 　참가(45 이하)	• 제안 등급 　아이디어제안: 실시 가능성 　실시제안: 경영 기여도/효과 • 포상 등급 　분기 포상: 포상위원회에서 결정 　　　　　　　(본부장/지사장, 부/실장) 　연간 포상: 종무식 때 발표 대회로 결정 　　　　　　　(사전 서류 심사)
시상금	• 심사표에 의한 점수에 따라 부여 　특급: 100만 원 　1급: 70만 원 　2급: 50만 원 　3급: 30만 원 　4급: 20만 원 　5급: 10만 원 　6급: 5만 원 　7급: 3만 원 　8급: 1만 원 　참가: 없음	• 아이디어제안 　채택: 3,000원+2M(마일리지) 　참가: 1,000원+1M 　건의: 없음 • 실시제안 　우수: 1만 원+10M 　보통: 5,000원+5M 　단순: 3,000원+3M • 분기 포상 　최우수(1명): 10만 원+30M 　우수(2명): 5만 원+20M 　장려(3): 2만 원+10M • 연말 포상 　대상(1명): 50만 원+100M 　금상(1명): 30만 원+80M 　은상(1명): 20만 원+70M 　동상(3명): 10만 원+50M

제 3 장

e-mail 수준의 전산 시스템 구축

1. 제안 전산 시스템의 구축 필요성

1) 지식 정보화 시대 도래

하루 종일 컴퓨터를 한 번도 사용하지 않는 사람은 생산직 일부를 제외하고는 아마 거의 없을 것이다. 대부분의 임직원들은 출근하자마자 컴퓨터부터 켜고 일을 시작한다. 최근에는 전산 시스템 없이는 업무를 제대로 처리하지 못할 정도로 컴퓨터 사용은 보편화되어 있다. 신입 사원이 들어오면 우선 컴퓨터부터 설치해 줄 정도로 경영 환경은 변하고 있다(1990년대 이전에는 컴퓨터가 부서에 몇 대밖에 없었다).

개인 PC는 이제 단순 워드 프로세서 수준이 아닌 정보 획득의 중요한 수단으로 활용되고 있다. 국민의 70%가 인터넷을 사용하고 있고, 젊은이들의 90%가 인터넷을 사용하고 있음이 이를 증명한다. 월드 와

이드 웹(www)이 세상을 바꾸어 놓았다고 해도 과언이 아니다. 아니, 인류 역사를 바꾸어 놓았다. 지난 100년 동안 인류에 가장 큰 영향을 미친 상품 중 가장 최근 개발된 것은 인터넷상에서 문자·영상·음성 등 멀티미디어 정보를 전 세계 통신망으로 연결해 주는 월드 와이드 웹(World Wide Web)인 것으로 밝혀졌다(1999. 11. 3, 매일경제신문).

2) 현재의 제안제도는 전산이 없던 시절에 등장했다

제안제도가 국내에 처음 도입된 것은 전산화라는 개념이 거의 없을 때였다. 그러나 당시에는 많은 분야가 자동화되지 않아 수작업을 할 때였기 때문에 별 문제가 되지 않았다. 급여도 잔돈까지 세어 현금으로 지급할 때였다.

하지만 지금은 상황이 다르다. 전산이라는 훌륭한 수단이 생긴 것이다. 시간과 공간을 뛰어넘어 빠르고 정확하게 업무에 활용할 수 있는 IT(정보 기술)가 등장한 것이다. 너도나도 IT를 활용하여 업무 처리를 매우 효율적으로 하고 있다. 이제는 전산 시스템 없이는 업무를 처리하지 못할 정도가 되었다. 환경이 변한 것이다.

이제 제안 업무도 전산 시스템화가 시급하다. 더 늦기 전에 전산화를 서둘러야 한다. 남보다 늦으면 도태될 수밖에 없는 세상이다. 경쟁의 모든 분야에서 타사보다 우위에 서야 하는 것이다.

2. 제안 전산 시스템의 구축 효과

1) 지식 정보화 시대의 대응

대부분의 업무가 전산으로 처리되므로 제안 업무 역시 전산으로 처리되어야 한다. 제안 업무를 수작업이나 excel로만 처리한다는 것은 시대에 뒤떨어진 방식이다. excel은 집계 분석 및 통계를 쉽게 하도록 도와주는 기능일 뿐 DB(database)화되어 있지 않기 때문에 진정한 전산 시스템이라 할 수 없다. 워드 프로세서 수준인 것이다. 전산화란 정보 입력에서부터 출력(조회)하여 활용하는 것까지 전체 프로세스를 전산으로 처리하는 것을 말한다. 하루 속히 제안 업무를 전산화하여 지식 정보화 시대에 발맞추어야 할 것이다.

2) 제안 내용의 DB화

사원들의 아이디어는 매우 중요한 무형 자산이다. 이 아이디어가 바로 제안인데, 이것을 방치하면 일회성이 되어 활용도가 낮아진다. Web을 통해 타 회사 정보를 찾아서 활용하듯 임직원의 아이디어를 DB화하여 사원들이 언제 어디에서도 제안 내용을 볼 수 있도록 해야 한다. 이를 위해서는 제안 내용, 개선 사례, 심사 내용 등 제안의 모든 프로세스를 체계적으로 축적시켜야 한다. 즉, 제안 내용의 DB화를 통해 개선 노하우가 축적되어야 한다.

3) 제안 프로세스의 자동화 및 시스템화 구현

아직도 제안 사무국에서 제안을 취합하여 해당 부서에 분배하는 회사가 있고, 월말이 되면 수작업(혹은 excel로)으로 실적 집계 및 시상금 처리를 하는 회사가 있다. 이것이 잘못되었다는 얘기가 아니다. 하지만 일이란 중간에 누군가가 개입되면 복잡해지고 느려지기 마련이다. 즉, 제안 심사를 위해 사무국이 무언가 작업을 해야 하고, 실적 집계와 시상금 지급을 위해 사무국이 나서야 한다면 자동화되었다고 볼 수 없다.

제안자가 직접 심사 부서를 지정하도록 시스템을 구축하면 사무국의 개입 없이도 제안이 심사자에게 자동으로 전달된다. 이렇게 되면 제안 처리가 효율적이고 빨라지는데, 이런 방식은 전산화 없이는 불가능하다.

제안이 시스템화되고 자동화된다면 제안의 실적 집계, 시상금 지급, 마일리지 계산 등 모든 업무가 간단해진다. 단순한 저가치 업무를 전산으로 자동 처리되도록 해 두면 사무국은 제안에 대한 전략 및 방향을 수립하며 기획을 할 수 있고, 교육도 받을 수 있으며, 타사의 제안을 벤치마킹할 수도 있고, 책도 볼 수 있게 된다. 즉, 고질의 업무를 처리할 수 있게 되는 것이다.

3. 왜 전산 시스템은 항상 불편할까?

1) 제안 담당자와 업무 담당자의 차이

제안을 담당하는 사무국은 제안의 제출 모습, 내용, 심사 절차 및 방법, 포상 내용 등 제안 업무에 대해 잘 알고 있다. 이와 마찬가지로 전산 담당자(IT 담당자)는 프로그램 기법, 전산의 구조, 전산으로의 표현 능력 등 전산에 대해 잘 알고 있다. 하지만 업무 담당자는 전산을 잘 모르고, 전산 담당자는 제안 업무를 잘 모르고 있다([표 3-14] 참고).

194

[표 3-14] 업무 담당자와 전산 담당자의 차이

업무 담당자	전산 담당자
• 업무에 대해서는 잘 알고 있음 • 전산에 대해서는 잘 모름	• 전산에 대해서는 잘 알고 있음 • 업무에 대해서는 잘 모름

이러한 문제 때문에 전산이 개발되어도 불편하고 걸림돌이 생긴다. 전산 시스템을 구축하는 사람이 전산에 대해서는 잘 알고 있지만 정작 그 전산이 사용되어질 업무에 대해서는 잘 모르기 때문에 전산 시스템 중심으로 갈 수밖에 없는 것이다.

2) 전산화의 의미와 목표의 차이

제안 전산화를 주도하고 참여하는 그룹은 크게 셋으로 구분된다. 하나는 전산 담당자이고, 다른 하나는 사무국, 나머지는 사용자들이다. 그런데 이들 세 그룹에서의 전산화의 의미와 목표는 업무 효율화 및 업무 처리 신속화 · 정확화 등 원론적인 방향에서는 동일하지만 일하는 방향에서는 크게 다르다.

전산 담당자 입장에서의 제안 전산화란 없었던 제안 전산 시스템을 새로 만드는 것이고, 사무국 입장에서는 제안자 및 심사자들이 수작업

[표 3-15] 제안 전산화의 의미

계층	전산화 의미
전산 담당자	전산 시스템을 만드는 것
사무국	수작업 처리를 전산으로 처리하도록 바꾸어 주는 것
사용자(제안자, 심사자)	종이(paper)로 처리하던 것이 전산 화면으로 바뀌는 것

으로 작업하던 것을 전산 처리가 가능하도록 바꾸어 주는 것이며, 사용자 입장에서는 제안양식(paper)을 사용하던 것이 전산 화면을 통해 처리하는 것으로 바뀐 것이다([표 3-15] 참고).

이 3가지 계층 중 제안 전산 시스템을 가장 많이 사용하는 계층은 전산 담당자도 아니고 사무국도 아닌 바로 사용자들이다. 그런데 대부분의 시스템들은 전산 담당자 및 사무국 중심으로 구축되어 있다. 즉, 사용자보다는 사무국의 요구 사항에 맞추어져 있어 불편한 것이다.

4. 사용자 중심의 전산 시스템 구축

1) 티코보다는 그랜저가 편리하다

전산 시스템 조작을 자동차와 비교해 보면 쉽게 이해할 수 있다. 일반적으로 사람들은 티코보다는 그랜저가 편리하다고 말한다(특정 자동차를 내세우려 함이 아니라 단순 비교를 위한 것임을 이해하기 바란다). 하지만 티코나 그랜저나 기능 면에서는 동일하다. 티코도 바퀴가 4개이고, 창문도 있으며, 오디오 및 CD도 가능하다. 이렇게 기능 면에서 보면 동일한 자동차인데 왜 그랜저가 좋다고 할까? 그것은 바로 편리성 때문일 것이다. 그랜저는 핸들에서도 오디오 및 CD를 조작할 수 있고, 버튼 하나로 백미러를 접었다 폈다 할 수 있으며, 버튼 하나로 의자를 앞뒤로 움직일 수 있다.

사용자 중심의 전산 시스템(user oriented system)이란 바로 이런 것이다. 최소 횟수의 클릭으로 원하는 답이 나와야 하고, 입력이 되어야 한다. 사용자 중심의 시스템이 궁극적으로 지향하는 것은 바로 편리함이다. 즉, 최소의 클릭과 한 화면에서 원하는 것을 얻는 것을 말한다.

2) 사용자 중심의 시스템 모습

사용자 중심(user oriented)이란 '사용자 지향'이라는 의미로, 사용자가 사용하기 쉽게 컴퓨터 시스템을 설계하는 것으로 정의된다('영한 컴퓨터 용어 대사전'에서). 사용자 중심의 시스템이 되기 위해서는 다음 사항들이 이루어져야 한다.

① 사용자가 편리하게 조작할 수 있도록 시스템 설계를 화면에 집중해야 한다.
② 시스템 접근이 쉬워야 하고(최소 2~3번의 클릭으로 원하는 내용 조회), 조작이 간편해야 한다.
③ 전산 담당자가 개입하지 않아도 구축된 시스템이 시스템적/자동적으로 운영될 수 있어야 한다.
④ 업무가 변하지 않는 한 프로그램 수정 작업이 없어야 한다.
⑤ 전산을 통해 작업이 간편해져야 한다.
⑥ 의문 사항에 즉시 답할 수 있도록 help-desk를 운영해야 한다.

3) 전산 화면은 사용자가 직접 그려야

사용자에게 가장 좋은 방식의 시스템을 구축하려면 어떤 방식으로 접근해야 하는가? 실지로 시스템을 사용할 사용자가 직접 화면을 디자인하여 전산 담당자에게 전해 주고, 전산 담당자는 화면대로 구현해 주는 방식이 되어야 한다. 업무 담당자는 업무에 대해 잘 알기 때문에 필요한 화면이 무엇인지 알 수 있고, 전산 담당자는 프로그램 기술이 뛰어나기 때문에 화면만 그려지면 그것을 구현하는 데에는 문제가 없다. 사용자가 화면을 직접 그려 주기 때문에 특별히 업무가 변하지 않는 한 화면은 거의 변할 일이 없다. 이런 방식으로 시스템을 구축하면 시스템이 사용자 중심으로 구축되는 것이다.

제안 리더 선발 및 활용

1. 제안 리더 양성 사이클

제안 강의를 위해 기업을 방문해 보면 제안 추진 조직이 잘 구축된 기업도 있는 반면, 그렇지 못한 기업들도 상당수이다. 특히 제안 리더 구성에 관해서는 아예 백지인 기업도 있다. 그나마 제안 추진 사무국이 있으면 다행인 기업들도 있다.

그러나 제안 리더가 있는 기업들도 자세히 들여다보면 제안 리더만 거창하게 선발해 놓고는 아무런 추가 조치 없이 제안 리더를 방치해 놓고 있다. 제안 리더는 제안 사무국에서 책임을 져야 한다. 바쁜 사람을 선발해 놓고 아무런 조치 없이 방치한다는 것은 직무 유기이다.

제안 리더를 선발했으면 그들을 양성해야 한다. 양성을 해서 정예군을 만든 후 역할을 부여해야 한다. 역할을 부여받은 제안 리더는 자신의 본부나 부서 등 주어진 바운더리에서 열심히 활동하고, 그 결과에 따라 인센티브를 받는다. 마지막으로, 조직의 여러 가지 이유 때문에 역할을 수행할 수 없는 제안 리더는 교체하여 새로운 리더가 일을 수행하도록 한다. 제안 리더의 공식 임기가 끝나면 다음해에 다시 새로운 제안 리더를 선발하여 양성, 역할 부여, 활동, 인센티브 부여 및 결과 평가 등 일련의 사이클로 관리해야 한다.

[그림 3-9] 제안 리더 양성 사이클

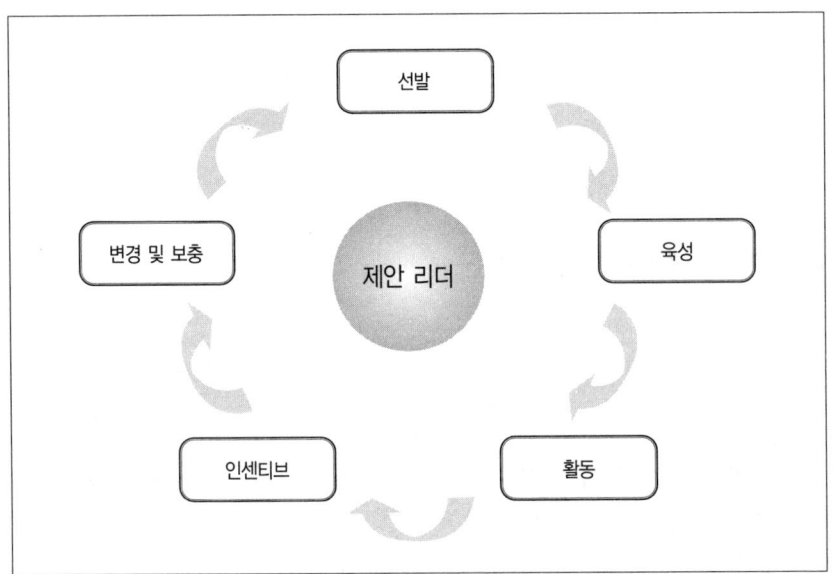

2. 제안 리더 선발

1) 대상자 선발
제안 리더 대상자는 기업의 여러 가지 환경에 맞도록 선발되어야 한다. 제조 공장을 가지고 있는 기업이나 여러 가지 사업 본부를 두고 있는 기업, 또는 단일 사업장을 가지고 있는 기업 등 조직 구조에 따라 대상자 선발 방식을 달리한다.

제안 리더는 본부 단위의 리더와 팀 단위의 리더를 구분하여 선정하는데, 편의상 본부 단위의 리더를 '제안 리더'라고 하고, 팀 단위의 리더는 '제안 추진자'라고 한다. 제안 리더는 물론 회사마다 차이가 있겠지만 책임감이 있는 과장급이 좋으며, 팀의 제안 추진자는 대리급이 가장 적당하다. 제안 리더는 다음과 같이 본사와 공장이 있는 경우와 단일 회사 조직인 경우 등 여러 가지 상황에 맞게 선발한다.

① 본사에 여러 개 사업 본부와 지방에 공장이 있는 경우에는 사업 본부별로 1명을 선발하고, 각 지방의 공장별로 1명을 선발한다.
② 본사에 여러 개 사업 본부만 있는 경우에는 사업 본부별로 1명을 선발한다.
③ 본사에 여러 개 사업 본부가 있고 지역별로 지사가 있는 경우에는 본사 사업 본부별로 1명을 선발하고, 지사별로 1명을 선발한다.
④ 기타 기업인 경우, 공통적으로 사업 본부별로 1명을 선발하되 인원이 적은 경우에는 묶어서 1명을 선발하도록 한다.

이렇게 제안 리더는 본부별로 1명을 선발하지만, 제안 추진자는 각 팀별로 1명씩 선발한다.

2) 선발 방법 및 임명장 수여

제안 리더는 부문에서 추천을 받아 선발하는 것이 좋다. 그래야 부문의 특성과 여러 가지 상황을 고려해서 적임자를 선발할 수 있다. 그러나 부문별로 맡겨 두면 신입 사원이나 적당하지 않은 사람이 선발될 소지가 많으므로 유념해야 한다. 전사 사무국에서 지정하는 방식도 있다. 이 방식은 부문의 특성이 반영되지는 못하지만 적임자를 선발할 수 있다. 이 두 방식은 각각 장단점이 있다.

부문에서 자체적으로 선정하건 전사 사무국에서 강제로 선정하건 반드시 부문장의 결재를 받아야 한다. 그래야 부문장이 관심을 갖게 되고, 누가 제안 리더로 선발되었는지를 알게 된다. 부문에서 결재를 받은 제안 리더를 전사 사무국에서 한꺼번에 취합하여 대표이사에게 결재를 얻어 최종 제안 리더를 선발한다.

최종 제안 리더가 선발되면 임명장을 수여하는 것이 좋다. 이로써 제안 리더는 책임감을 갖게 되고, 임명장 자체가 유형의 제안 리더의 모습을 나타내는 것이 되기 때문에 효과가 매우 크다. 임명장은 사장 명의로 하고, 월례 조회나 종무식 또는 시무식 때 하는 것이 좋다.

3) 선발 시기 및 임기

제안 리더 선발 시기는 12월이 가장 좋다. 물론 회사마다 사정이 달라 1월이 좋은 경우도 있지만, 대체로 12월에 선발해서 1월 중에 양성하도록 한다. 제안 리더의 임기는 1년이 가장 좋으며, 필요시 연임도 가능하다. 제안 리더 양성 사이클에서도 나타나지만, 제안 리더의 임기를 1년으로 하고 12월 중에 새로운 제안 리더를 선발하여 업무 인수인계가 자연스럽게 이루어지도록 하는 것이 좋다.

3. 제안 리더 양성

1) 기본 제안 교육 실시

선발된 제안 리더들은 이제 전사 사무국을 도와 제안 활성화의 기수로

[표 3-16] 제안 리더 기본 교육 내용 사례

모듈	내용	시간
1. 지식 정보화 시대 도래 및 제안 제도의 현 주소	• 지식 정보화 시대의 경영 패러다임 이해 • 시대에 뒤진 제안세노 • 제조 공장에서 적용하던 제도를 그대로 적용 • 제안은 개선이라는 고정관념 • 제안활동에 대한 무관심 팽배, 스트레스 • 저가치 제안 증대	4hr
2. 제안제도의 개념 및 경영 목표 달성을 위한 제안의 위상	• 일(business)과 제안활동 • 회사 경영 목표 및 업무 목표와 제안활동 • 제안활동의 개념 • 제안활동 프레임워크	3hr
3. 제안 활성화 방법 및 접근 포인트	• 제안활동 활성화 • 문제 발견형/목표 달성형 제안 • 당연한 것을 제안 • 업무제안 • 인재양성제안 • 지식제안 • 제안활동 운영 시스템 및 IT 활용	8hr
4. 고등급 제안 창출	• 지식 창출 signal 이론 • 고등급 제안의 대상 탐색 • 고등급 제안의 접근 방법 • 고등급 테마 선정	4hr
5. 제안 리더 선발 및 리더의 역할	• 제안 리더 활동 사이클 • 제안 리더 선발 • 제안 리더 육성 • 제안 리더 활동 • 제안 리더에 대한 인센티브 • 제안 리더 변경 및 보충	3hr

서 활동하게 될 것이다. 그러므로 그들에게 최소한 전사 사무국 정도의 제안 지식을 쌓을 수 있도록 제안 기본 교육을 실시한다([표 3-16] 참고).

제안 리더 교육은 외부 전문 기관을 활용하는 것이 가장 바람직하다. 물론 자체 교육을 실시해도 좋으나, 여러 가지 여건을 볼 때 3일 정도의 일정으로 외부 전문가를 초빙해서 강의를 듣는 것이 효율적이다.

제안 리더 기본 과정을 이수하면 제안 지도사 자격증을 수여한다. 물론 이는 외부 교육 기관과 협의를 해야 하지만, 제대로 교육을 받았다면 제안 지도사 자격증을 주어도 무방하리라 생각된다. 교육 수료 후에는 자체적으로 이수 학점을 부여해서 혜택을 받도록 한다.

교육뿐만 아니라 제안에 관한 전문 서적도 배포해 준다. 월간 제안 활동 등의 잡지를 정기 구독해 주고, 제안 관련 책자는 수시로 구입해서 읽을 수 있도록 배려한다.

2) 제안 skill-up 단계

제안 기본 교육을 이수한 후에는 여러 가지 역할을 수행하게 되는데, 역할 수행이 점진적으로 발전해 감에 따라 적절한 지원을 하도록 한다. 우선 제안 리더가 가장 중점을 두어야 하는 부문이 제안에 대한 실시이므로, 실시 기법에 관한 교육을 이수하도록 한다([표 3-17] 참고). 또한 제안 리더들은 분기별로 1번 정도의 워크숍을 갖도록 한다([표 3-18] 참고).

제안 리더들은 각 부문의 특성에 따라 활동하면서 여러 가지 문제와 의문점을 만나게 되는데, 바로 워크숍 자리를 통해 이러한 의문들을 해소하도록 한다.

제안 리더 워크숍은 또 다른 의미를 가지고 있다. 바로 제안 리더들 간에 인간관계를 형성할 수 있다는 것이다. 저녁 늦게까지 토론을 하면

[표 3-17] 개선 기법 활용 교육 내용 사례

모듈	내용	시간
1. 문제 해결 기법	• 문제 접근 방법 이해(문제 발견형/목표 달성형) • 문제 해결 능력 강화	4hr
2. 개선 기법(TOOL)	• 팀 과제 해결을 위한 QC 기법 • 업무 프로세스 개선을 위한 Process Innovation 기법 • 부서 간 문제 해결을 위한 Work-out 기법 • 업무 전산화를 위한 전산화 추진 방법 • 고객 만족을 위한 전사 고객 대응 체제 구축 • 표준화 및 업무 매뉴얼 작성	16hr
3. Advanced 제안활동	• 지식경영과 제안활동 • 무형 자산 평가와 제안 평가 • 경영혁신활동과 제안 활동	4hr

※교육은 이론과 실습으로 구성됨.

[표 3-18] 제안 리더 워크숍 내용 사례

시간	1일차	2일차	시간
09:00~10:00 10:00~11:00 11:00~12:00	• 도착 및 오리엔테이션 • 인사말 및 제안활동의 기대 • 제안 실적 보고	• 워크숍 내용 발표 (계속) • 아이디어 경영 소개	09:00~10:00 10:00~11:00 11:00~12:00
12:00~13:00	중식		12:00~13:00
13:00~15:00	●워크숍(1) • 제안 리더 역할 경험 발표 및 공유 • 제안 리더의 facilitator 역할	〈분임 토의〉 • 자율적 제안활동을 위한 제안 리더의 역할 • 팀 제안 활성화 방안	13:00~15:00
15:00~18:00	●워크숍(2) • 효과 창출을 위한 제안 추진 방법 • 제안 리더의 역할	정리 및 이동	
18:00~19:00	석식		
19:00 이후	정보 교류회		

서 우정도 다지고 친분도 쌓는 좋은 기회가 되기도 한다.

3) 국내외 기업의 벤치마킹

제안 리더들은 우선 타사의 제안활동을 보여 줄 수 있는 기회를 마련한다. 아무리 좋은 교재와 강의가 있더라도 눈으로 보지 못하면 실감이 나지 않는다. 타사 벤치마킹을 통해 제안 리더들은 또 다른 각오를 다질 수 있다. 벤치마킹 대상으로는 국내 기업뿐만 아니라 해외 기업도 고려해 본다.

국내 기업 벤치마킹으로는 우선 전국 대회 3연패를 수상한 업체에 가 보는 것이 바람직하다. 전국 대회 수상 업체는 [표 3-19]와 같다.

물론 전국 대회 수상 업체가 아니어도 좋다. 동업 타사도 좋고, 비록 널리 알려지지는 않았지만 제안을 열심히 하는 업체들도 있으므로 찾을 수 있는 대로 찾아서 방문해 보도록 한다.

해외 기업 벤치마킹은 전문 기관에서 주관하는 벤치마킹 프로그램을 활용하는 것이 바람직하다. 주로 일본 기업들이 대상인 경우가 많지만, 최근에는 미국이나 유럽으로 벤치마킹을 가는 경우도 있다.

해외 기업 벤치마킹은 여러 가지 의미가 있다. 우선 제안 리더가 되어 해외에 갈 수 있는 인센티브를 받게 된다. 이는 무엇보다도 해외 연수를 통해 제안 리더들과의 친분을 굳게 다질 수 있는 좋은 기회가 된다. 실지로 해외 벤치마킹을 다녀와서 제안 리더 활동이 향상된 기업들도 많이 있다.

[표 3-19] 역대 전국 아이디어 경영 대회 수상 업체 현황

회	연도	수상 업체
1	1988	삼성전기, 코오롱상사, 현대중공업, 삼성중공업
2	1989	동양나이론, 아남산업, 아시아자동차공업, 금호
3	1990	삼성코닝, 삼성중공업(중장비), 서진산업
4	1991	삼성중공업(2공장), 포항제철(포항), 현대자동차, 서해공업
5	1992	현대자동차, 삼성종합건설, 연합철강
6	1993	현대자동차, 한라공조, 삼성중공업(조선해양), 아남산업, 연합철강, 현대자동차(본사)
7	1994	현대자동차, 금호(곡성), 삼성중공업(조선해양), 금호건설, 한국주택은행, 현대자동차서비스
8	1995	삼성중공업(조선해양), 삼성전관, 금호건설, 현대중공업
9	1996	삼성전관(부산), 삼성중공업(건설), 삼성데이터시스템
10	1997	삼성전관(부산), 삼성데이터시스템, 삼성중공업(기전), 삼성코닝(수원), 금호건설, 삼성생명
11	1998	삼성데이터시스템, 삼성생명, 삼성코닝(수원), 금호타이어(광주), 삼성항공(사천), 동양화재
12	1999	삼성코닝(수원), 삼성항공(사천), 삼성에버랜드, 금호타이어(곡성), 현대백화점, 삼성정밀화학, 현대투자신탁, 금호타이어(광주), 금호석유화학(울산)
13	2000	한국항공우주산업(사천), 금호타이어(곡성), 삼성전자(구미), 한국통신, 제일모직(여수), 태평양(김천), 대한잉크화학, 금호타이어(광주), 대한정밀화학
14	2001	한국통신, 제일모직(여수), 삼성중공업, 한국가스공사, 태평양(수원), 대구도시가스, 스마트전자, 매일유업(영남)
15	2002	KT, 제일모직(여수), 한국가스공사, 스마트전자, 제일모직(구미), 웅진코웨이개발, 한국서부발전(평택), 유한킴벌리(안양)

4. 제안 리더 활동

1) 제안 리더는 제안 활성화의 허리

제안 리더들은 제안활동 활성화의 허리 역할을 담당한다. 축구에서도 경기를 잘하려면 훌륭한 미들필드가 있어야 하는 것처럼, 제안도 제대로 하려면 훌륭한 미들필드인 제안 리더들이 있어야 한다.

2) 역할 부여

제안 리더에게는 특별한 역할이 있다. 보통 제안 사무국은 전사적인 제안에 대한 방향 설정과 관리를 하지만, 제안 리더는 부문에 대한 책임을 부여한다. 전사 사무국의 역할 및 제안 리더, 제안 추진자의 역할은 앞의 [표 3-2] '제안 담당자의 역할 사례'를 살펴보면 도움이 될 것이다.

5. 제안 리더 인센티브

1) 직접적인 인센티브

직접적인 인센티브는 금전적인 것과 관련지어 제안활동비를 지급하거나 제안 마일리지를 부여하는 방법이 있다.

① 제안활동비 지급

제안활동비는 제안 리더에게 월 정액제로 지급하는 것으로, 비용은 월 5만 원 정도가 좋다. 이 비용으로 제안 리더는 제안에 필요한 여러 가지 활동 및 제안 부진자와의 식사나 의견 수렴 등 제안에 관련된 활동비로 사용한다. 또한 제안 관련 정보 수집 비용으로도 활용한다.

② 제안 마일리지 부여

제안 마일리지는 마일리지를 운영하는 회사에서 시행하면 좋다. 제안 리더로 선발되면 기본적으로 마일리지를 부여해 준다. 기본 마일리지는 회사마다 다르게 운영되는데, 보통 일반 사원들이 1~2개월 동안 제안해야 받을 수 있는 정도의 점수를 부여한다. 예를 들어, 500~1,000점과 같은 식으로 듬뿍 주는 것이 좋다.

2) 간접적인 인센티브

간접적인 인센티브는 비금전적인 것으로, 인사 고과에 반영하거나, 일정한 학점을 인정해 주거나, 각종 교육에 우선권을 주거나, 정기적으로 경영층과의 식사 모임에 초대하거나 하는 등 격려 차원에서 부여해 준다. 특히 부문에서 우수 제안 포상을 받았을 경우 제안 리더도 동시 포상하도록 한다.

① 인사 고과 반영

제안 리더 활동이 끝난 후, 전사 사무국에서 제안 리더의 활동을 평가하여 상위 20%에 해당하는 사람들에게 인사 고과를 잘 받을 수 있도록 추천하는 방식이다. 물론 인사 고과에 반영하는 것은 직접적으로 B 이상 주는 방식도 있지만 이는 좀 무리한 방법이고, 전사 사무국에서 사무국장의 추천으로 일부 리더에게 부여하는 방식이 된다.

② 교육 이수 학점 부여

제안 리더로 선발되어 1년 동안 활동하면 3일 간의 교육을 이수한 것으로 간주하여 여기에 맞는 교육 이수 학점을 부여하는 방식이다. 물론 이러한 것들은 사전에 품의를 받아 시행하는 것이지만, 제안 리더들이 업무 외적인 시간을 투자하는 것이니만큼 긍정적으로 검토해 주는 것이 좋다.

③ 경영층과의 정기적인 식사

일반 직원들이 경영층과의 시간을 갖기란 쉽지 않다. 경영층과의 만남을 통해 자신의 어려움이나 애로 사항, 건의 사항, 의지를 보여 줄 수 있는데, 제안 리더들에게 이런 기회를 자주 주라는 것이다. 경영층과의 식사 자리를 통해 부문의 제안활동에 대한 전반적인 현황과 애로 사항 및 제안 활성화를 위한 현업의 의견들을 직접 전달해 줌으로써 경영층이 제안활동 현황을 현실적으로 이해할 수 있게 된다.

④ 우수 제안 리더 해외 휴가

우수 제안 리더에게 해외 휴가의 기회를 주는 것도 좋다. 인원이 20여 명 정도가 된다면 해볼 만하다. 이를 통해 제안 리더 간 선의의 경쟁이 생겨 제안이 더 활성화될 수 있다. 해외 휴가는 가능하면 가족 동반으로 제공하는 것이 좋다.

⑤ 소속 부문에서 제안 특별 포상 시 연계 포상

제안 리더가 속한 부문에서 제안 대상이 나왔거나 특별상을 받았을 경우, 제안자만 포상하지 말고 수상자 소속의 제안 리더도 함께 포상해 주는 것이 좋다. 그래야 제안 리더가 자신의 부문에서 우수 제안이 나오도록 더욱 힘쓸 것이다. 가능하다면 소속 제안 리더뿐 아니라 소속 부서장도 함께 포상하는 것이 바람직하다.

6. 제안 리더 변경

제안 리더의 임기는 기본적으로 1년이다. 그러나 여러 가지 사정으로 임기를 채우지 못하는 경우가 발생하는데, 이를 대비해 중도에 변경할 수 있도록 한다. 제안 리더가 임기를 다 채우지 못하고 교체되는 경우 그 동안 지급된 인센티브에 대해서도 변경을 하도록 한다.

1) 제안 리더 변경

제안 리더는 다음과 같은 경우에 변경한다.

〈제안 리더의 변경〉
- 부서의 인사 이동이 생기는 경우
- 승진을 하는 경우
- 입원이나 질병 등으로 활동이 곤란한 경우
- 퇴직을 할 경우
- 부정을 저질러서 문제가 발생한 경우
- 제안 리더의 활동이 지극히 부진한 경우

제안 리더를 변경하는 경우에는 신임 리더 선발과 동일한 방식으로 재선발하여 역시 임명장을 수여하고, 바로 역할을 수행하도록 한다.

2) 인센티브 조정

제안 리더가 변경되면 전임 제안 리더가 받았던 인센티브를 나누어 주도록 한다. 즉, 기본 마일리지를 200점 주는 경우, 전임 리더가 6개월 간 활동하고 변경되었다면 전임 리더에게 100점을 주고 후임 리더에게 100점을 주도록 한다. 만약 전임 리더가 3개월 간 활동하고 교체된 경우라면 전임 리더에게는 3개월분인 50점을, 후임 리더에게는 150점을 준다.

다른 혜택도 활동 기간에 따라 전임 리더와 후임 리더가 동일하게 배분하도록 한다. 물론 인사 고과 반영이나 해외 연수 및 제안 포상 연계 등은 근무를 많이 한 제안 리더의 공을 고려하되, 가능하면 후임 제안 리더에게 혜택이 가도록 하는 것이 좋다.

제 5 장

Advanced 제안활동

1. 지식경영과 제안제도

1) 지식이란 무엇인가?

① 데이터와 정보와 지식

지식을 이해하기 위해서는 데이터와 정보, 지식의 개념을 먼저 이해해야 한다. 일반적으로 데이터는 단순한 사실의 나열로서 의미가 형성되기 전(raw) 상태를 말하며, 정보는 조직화된 사실로서 데이터에서 찾아낸 패턴, 즉 데이터에 의미를 부여한 것이다. 그리고 지식은 정보에 가치를 부여한 것으로, 정보를 통해 의사 결정과 행동이 수반되는 사람과 조직의 실천적이고 행동적인 것을 의미한다([그림 3-10] 참고).

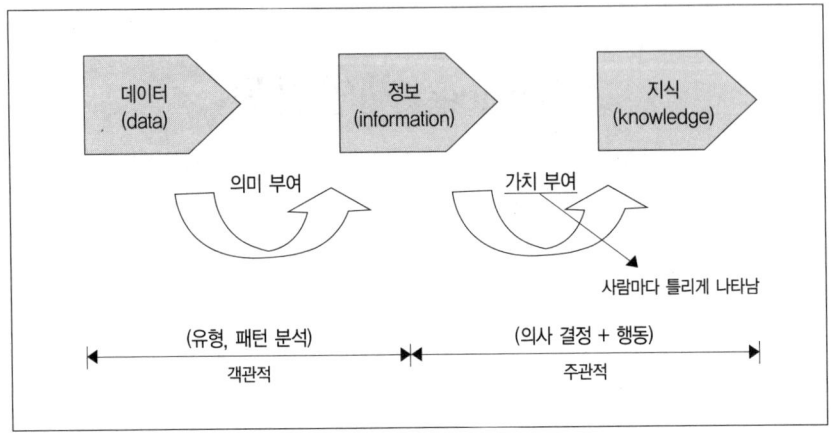

② 데이터와 정보는 객관적, 지식은 주관적

기업에서는 매일 수많은 정보가 제공되고 있다. 이렇게 많은 정보가 다 지식이 될 수는 없다. 지식은 정보로부터 얻은 내용에 대해 의사 결정과 행동이 수반되어야 한다. 정보를 읽고 부가 가치를 고려한 의사 결정과 행동이 수반되지 않으면 지식이 될 수 없다.

데이터와 정보는 누구나 접할 수 있도록 공개적으로 제공되는 것이다. 그러나 지식은 정보를 접한 후 의사 결정과 행동을 하여 부가 가치를 창출하는 사람이 있는 반면, 의사 결정과 행동을 전혀 하지 않아 결과적으로 부가 가치를 창출하지 않는 사람도 있다. 동일한 정보라도 사람에 따라 다르게 나타나는 것이다.

증권 투자에 대해 예를 들어 보자. 매일 가격이 바뀌는 개별 종목의 주가는 데이터(data)에 해당하며, 증권 회사는 이러한 주가를 기본으로 여러 가지 동향을 분석해서 많은 보고서를 내게 된다. 이것들이 바로 정보(information)가 된다. 주가와 증권 회사의 보고서는 관심만 가지면

214

누구나 접할 수 있다. 객관적이기 때문이다. 그러나 증권 회사에서 투자자에게 제공하는 각종 정보를 적극 활용하여 지식(knowledge)으로 활용하는 사람도 있지만 그렇지 않은 사람도 있다. 즉, 지식으로 활용하는 사람은 주식 투자자이며, 지식으로 활용하지 않는 사람은 투자자가 아니다. 주식 투자자는 이익(부가 가치 창출)을 생각하여 주식 매입을 결심(의사 결정)하고 주식을 고른 후 주식을 산다(행동 수반). 그러나 주식을 투자하지 않은 사람은 증권 회사에서 보고받는 정보를 그냥 지나쳐 의사 결정도, 행동도 하지 않으며, 부가 가치도 창출하지 않는다. 즉, 주식 투자자에게는 정보가 지식이 되지만, 주식 투자자가 아닌 사람에게는 단순한 정보일 뿐이다.

[그림 3-11] 지식과 정보의 차이

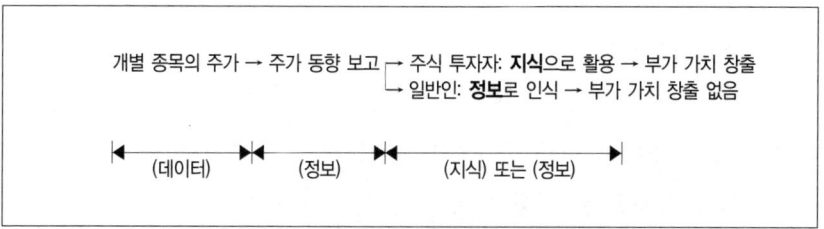

2) 지식의 종류

지식은 주체의 수준에 따라 개인지와 조직지로 구분하며, 존재 형태에 따라 형식지와 암묵지로 구분한다. 개인지는 조직 구성원 개인이 가지고 있는 지식을 말하며, 조직지는 조직 내부에 축적된 지식을 의미한다. 또한 암묵지는 언어로 표현하기 힘든 주관적인 지식을 말하며, 형식지는 언어나 글로 명확하게 표현할 수 있는 지식을 말한다('지식경영과 한국의 미래', 삼성경제연구소, [표 3-20] 참고).

[표 3-20] 지식의 종류

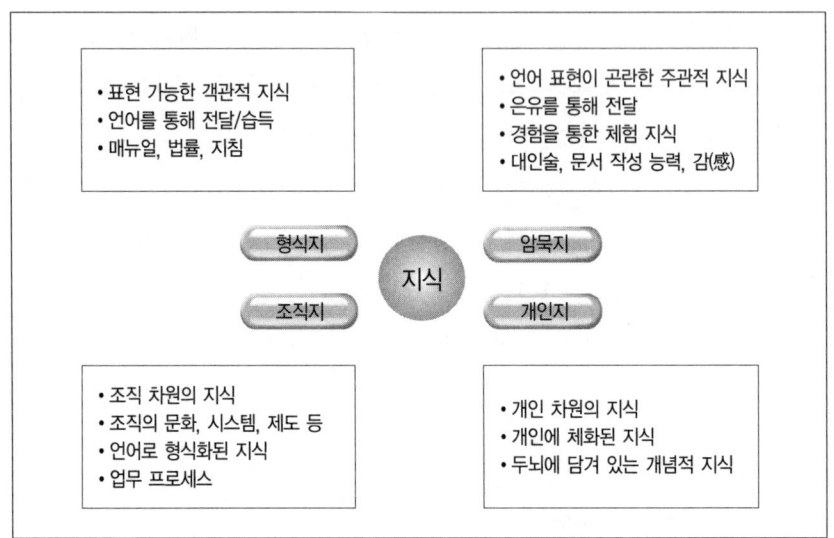

3) 지식경영의 핵심

지식경영은 조직 및 개인이 비즈니스 활동에 필요한 경험, 스킬, 노하우 등을 창출하고 이를 공유하여 부가 가치 및 경쟁력을 향상시키는 경영이라고 정의한다. 핵심은 지식 창출, 지식 공유, 지식 활용이다.

[그림 3-12] 지식경영의 핵심

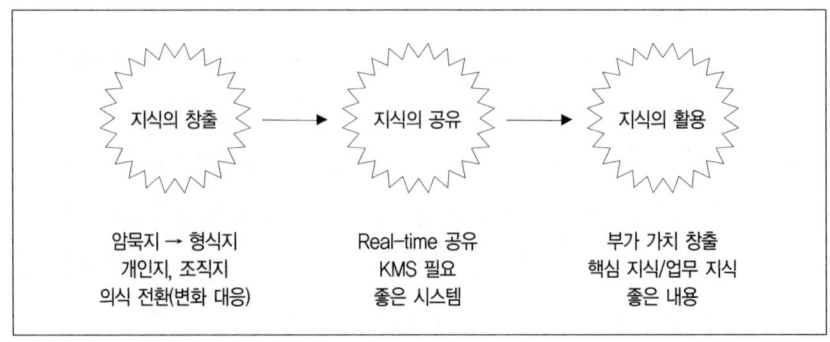

지식의 창출은 암묵지를 형식지화시키는 것으로, 개인지 및 조직지를 대상으로 한다. 지식을 창출하기 위해서는 변화에 대응하는 의식 전환이 선행되어야 한다. 따라서 많은 교육을 실시해야 한다.

지식의 공유는 창출된 지식을 실시간(real-time)으로 조회하는 것으로, 실시간 조회 및 검색이 가능한 좋은 시스템이 필요하다. 따라서 지식경영 시스템(KMS; Knowledge Management System)이 있어야 한다.

지식의 활용은 공유된 지식을 활용하여 개인이나 기업에 부가 가치 창출을 해야 하는 것으로, 핵심 지식 및 입무 지식이 주로 해당된다. 따라서 창출된 지식의 내용이 좋아야 한다.

지식경영은 창출된 지식을 실시간으로 공유하여 좋은 내용으로 부가 가치를 창출하는 것이다.

4) 지식으로 활용하기 위해서는 우선 형식지화되어야

지식경영에서 개인 암묵지의 형식지화를 중요하게 여기는 이유는 암묵지를 형식지화시키지 않으면 공유할 수 없고, 공개가 되지 않으면 지식으로서의 가치가 저하되기 때문이다. 즉, 공유는 암묵지로 하는 것이 아니라 형식지로 하는 것이다.

지식은 형식지화되지 않으면 공유할 수 없다. 이는 비타민을 섭취하려면 사과를 먹어야 하는 것과 같은 이치이다. 직원들은 형식지를 통해서 개인의 암묵지를 얻게 되는 것이다. 개인의 암묵지를 활용하여 개선 활동을 한 후 제안하는 것이나 개인 암묵지 자체를 직접 형식지화(제안)하는 것 모두 훌륭한 제안활동이 될 수 있다.

5) 지식경영 프로세스와 제안 프로세스

지식경영의 프로세스와 제안제도의 프로세스는 매우 유사하다. 지식
경영이나 제안제도 모두가 사람으로부터 나오고, 지식경영은 암묵지를
창출하여 형식지화시키는 것이며, 제안제도는 문제를 개선해서 제안양
식에 작성하는 것이다.

[그림 3-13] 지식경영 프로세스와 제안 프로세스의 비교

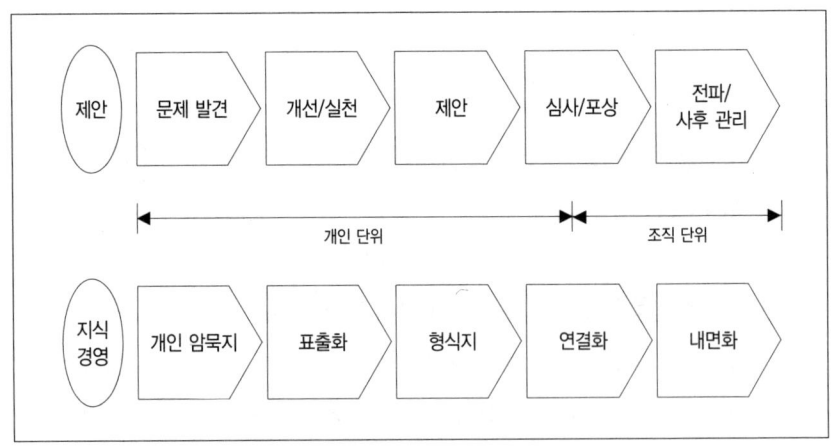

제안자가 제안서 양식에 제안 내용을 작성한다는 것은, 개인 차원의
내용을 상사 및 타 부서에서 심사받게 되므로 조직 차원에서 개입되는
것이다. 지식 또한 개인의 암묵지를 형식지화시켜 공개해서 조직에 연
결, 내면화시키므로 역시 조직 차원에서 일이 수행되는 것이다. 이런
의미에서 본다면 제안 프로세스와 지식경영의 프로세스는 동일하다고
볼 수 있다.

6) 제안활동과 지식 창출 활동

제안활동과 지식 창출은 프로세스상에서는 서로 유사하지만, 실제 운영 모습은 조금 다르다.

[표 3-21] 지식경영 시스템과 제안 시스템의 차이

구분	기존 제안(전산) 시스템	지식제안 시스템
목적	제안 처리의 신속화/효율화	개선 결과의 공유 및 업무 활용
과정	제안의 전 과정(Process)을 전산화	지식제안 대상의 개선 사례(output)를 데이터베이스화
대상	모든 제안(아이디어제안, 실시제안 등)	개선된 결과물(필요 시 아이디어도 포함)
보관	개선된 그대로 보관	개선된 결과를 가공하여 체계적 보관
작성	효과 중심	내용 및 과정 중심
내용	개선 전후 비교	업무 활용 시 주의 사항, 참고 사항
효과	모든 제안 효과 산출(검증 어려움)	대상만 자세히 효과 산출(반드시 검증 필요)

제안활동이란 회사나 부서, 자신에게 주어진 업무나 주변 환경에 대응하여 보다 효율적이고 성과 있는 일을 추진하기 위해 아이디어를 도출하고 개선과 실천을 하는 활동이다. 즉, 회사의 목표나 자신의 업무 목표에 대해 자신이 알고 있는 개선 노하우와 스킬 등의 경험을 활용, 암묵지를 도출하여 제안서에 작성하는 활동이다.

반면, 지식 창출 활동은 개인이 학습과 경험을 통해 생성된 암묵지를 장기적으로 활용하기 위해 형식지화하여 공개하고, 이를 저장하여 활용하는 활동이다. 제안활동 활용의 주체는 내가 되지만, 지식 창출 활용의 주체는 타인이 된다.

제안활동과 지식 창출 활용의 공통점은 제안활동이 개인의 아이디어를 도출하여 제안지에 작성, 보관하는 것처럼 지식 창출도 개인의 암묵지를 형식지화하여 지식 창고에 보관한다는 점이다.

7) 제안과 지식의 평가 방법

제안제도에도, 지식경영에도 평가 및 인센티브가 있다. 제안제도는 상사가 평가하는 수직적인 방법이고, 지식경영은 동료들이 평가하는 수평적인 방식이라는 점의 차이가 있을 뿐이다.

이를 심사자의 측면에서 비교해 보면 아이디어제안은 주로 해당 팀에서 심사하고, 실시제안은 소속 팀에서 심사하며, 지식은 사원들이 심사한다. 따라서 지식은 타인을 위한 것이고, 제안은 주로 나를 위한 것이다.

[그림 3-14] 지식과 제안의 심사 주관

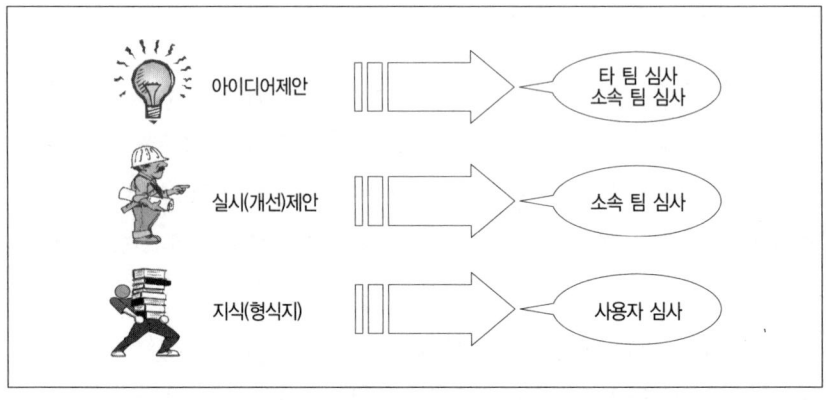

평가 방식도 제안을 평가할 때와 지식을 평가할 때는 서로 다른 특징이 있다([표 3-22] 참고).

[표 3-22] 제안 평가 방법과 지식 평가 방법

구분	제안 평가	지식 평가
기준	효과(유형, 무형)	사용자 활용도
내용	제안 자체 개선 평가	타인에게 기여도 평가
평가 후	고정 보관	조회 건수 없으면 삭제
평가 tool	심사표에 의해 상사가 평가	사용자의 만족도 평가
보상	점수에 의한 보상 체계	등록 및 조회 건수에 의한 시상
사례 발표	전사 개선 사례 발표회	전사 활용 시례 발표회

8) 제안과 지식의 인센티브는 마일리지로 통일

지식경영과 제안제도를 동시에 운영하는 회사는 이 2가지 평가 방법 및 포상 체계를 함께 운영하는 것이 바람직하다. 사실 사원 입장에서는

[표 3-23] 제안과 지식경영의 인센티브 통일 사례

구분	지식경영 포상	제안제도 포상	비고

등록	핵심 지식 – 조직지 4점
	        – 개인지 5점
	업무 지식 – 조직지 2점
	        – 개인지 3점
	생활 지식 – 1점
		아이디어제안 – 채택 5점
		        – 참가 1점
		        – 건의 0점
			점수는 마일리지임

심사	(핵심 지식) 우수 30점
	        양호 20점
	        단순 10점
	        반려 0점
		실시제안 – 추천 30점
		        – 단순 5점
			점수는 마일리지임

추천	0~3점	없음	
포상	상금+마일리지	상금+마일리지	효과에 따라 포상
제안 리더 포상	연간 평균 마일리지	연간 평균 마일리지	

제안이든 지식경영이든 자신의 것을 드러내어 평가받고 포상을 받는 것이기 때문에 제안과 지식경영의 포상 방식을 달리할 필요는 없다. 그러므로 제안과 지식경영의 평가를 마일리지로 하고, 이 2가지를 합하는 것이 바람직한 모습이 되는 것이다.

[표 3-23]은 제안과 지식경영의 인센티브를 합하여 운영하고 있는 회사의 사례이다.

2. BSC 평가와 제안 무형 평가

1) 기존 제안 평가의 문제점

기존 제안활동의 평가는 주로 유형의 효과를 낸 제안에 대해서만 큰 비중을 두었으며, 인센티브를 더 주었다. 또한 평가 구조도 산출 효과에 의한 평가가 대부분이었다. 즉, 제안자가 제출한 개선 효과에 대해 심사자가 평가를 해주고, 회사는 이에 대해 시상금을 지급하는 방식이었다.

〈제안 심사 구조〉

아이디어 제출 → 개선 → 효과 산출 → 심사(평가) → 시상
　(제안자)　　　(실시자)　(실시자)　　(심사자)　　(회사)

이러한 제안 심사 구조하에서의 제안 평가 방식은 다음과 같은 문제점을 가지고 있다.

첫째, 유형 효과 위주로 되어 있기 때문에 사무 개선이나 서비스 향상 등 무형 효과는 불이익을 받게 된다.

222

둘째, 제안의 낱개 심사(1건당 심사)로 분할 제안, 유사 제안, 중복 제안 등 건수 채우기식의 저가치 제안을 양산하게 된다.

셋째, 제안의 낱개 효과 측정(1건당 평가)으로 후공정(고객)의 영향을 고려하지 않게 되어 자칫하면 후공정은 개악이 될 수도 있다.

넷째, 수직적 제안 심사로서 오로지 제안자와 심사자(상사)와의 관계에서만 이루어지기 때문에 직원들의 수평적인 평가 기회가 없다.

다섯째, 회사 전략과의 연계가 모호해서 제안 효과의 신뢰성 및 경영 기여도 파아이 미흡하다.

2) 무형의 효과도 평가해 주는 BSC 평가 방법

BSC(Balanced Score Card) 평가 방법이 등장하게 된 배경도 기업 평가 방식이 단순히 재무적인 평가(자본, 부채, 자산)뿐 아니라 기업이 가지고 있는 무형의 가치(고객 만족 증대, 업무 처리 프로세스 단축 등)도 함께 평가해야 한다는 취지에서 등장하게 되었다.

BSC는 '균형 잡힌 성과 측정 기록표'로 정의되며, 조직의 사명(mission)과 전략들을 가시적인 목표와 측정 지표로 전환하여 평가하는 방식이다. 이러한 BSC 평가 방식은 크게 재무적 관점, 고객 관점, 학습과 성장 관점, 내부 프로세스 관점의 4가지 축으로 되어 있다([표 3-24] 참고).

3) BSC 평가 방식을 응용한 제안 무형 효과 평가

BSC 방식이 무형의 가치를 인정하여 평가하는 방식이라면, 제안 효과 중 무형 효과 부문도 같은 방식으로 평가가 가능할 것이다. 즉, 제안의 성과도 4가지로 구분하여 성과 지표를 만들고, 직원들은 자신이 개선한 효과가 이 지표 중 어디에 영향을 주는가를 표시해 주면 심사자는

[표 3-24] BSC 지표 사례

재무적 관점 성과 지표	고객 관점 성과 지표
• 매출 신장률 • 현금 흐름 • 영업 이익 • 자산 활용률 • 자본 수익성 등	• 고객 만족도 • 고객 충성도 • 신규 고객 확보율 • 기존 고객 유지율 • 고객별 수익성 등
내부 프로세스 관점 성과 지표	학습과 성장 관점 성과 지표
• 연구 개발 리드 타임 • 불량 건수 감소 • 24시간 내 고객 요청 처리 비율 • 품질 향상 • 원가 절감 등	• 사원 역량 향상 • 사원 훈련 강화 • 사원 아이디어 • 권한 위양 • 리더십 발휘 등

성과 지표를 얼마만큼 달성했는가에 따라 평가를 해주는 방식이다([표 3-25] 참고). 예를 들어, 제안으로 인해 A/S가 신속해졌다면 유형 효과 (금액으로 환산)를 산출하지 말고 그만큼 고객 만족 지표상에 A/S의 신속성 증대에 기여했다고 평가해 준다. 경영지원팀에서 업무 처리 방식

[표 3-25] BSC 방식의 제안 평가 지표

재무적 관점에서의 제안 성과 지표	고객 관점에서의 제안 성과 지표
• 매출 증대 • 공사비 절감 • 관리 비용 절감 • 금융 비용 절감 • 채권 회수 금액 등	• 내부 고객 만족도 • 외부 고객 만족도 • 대외 인지도 향상 • 경영 지원 만족도 • A/S 신속성 등
업무 효율화 관점에서의 제안 성과 지표	학습과 성장 관점에서의 제안 성과 지표
• 결산 기일 단축 • 업무 표준화 건수 • 불량률 감소 • 노동 생산성 향상 • 업무 에러 감소 등	• 교육 실시 건수 • 정보 제공 건수 • 업무 위양 효과 • 회의 개최 건수 • 조직 활성화 정도 등

을 개선해서 사업부나 현장의 업무 처리가 편해졌다면 이를 경영지원 만족도로 평가받도록 한다. 결국 모든 제안의 개선 결과를 유형 효과화 시키지 않더라도 나름대로 기업에 적용되므로 무형 효과도 불이익을 당하지 않고 회사에 기여한다는 자부심을 가질 수 있게 된다.

3. 경영혁신과 제안활동

1) 개선과 혁신의 차이

기업에서 부가 가치를 창출하는 방법은 원가 절감과 매출 증대의 2가지 방법이 있는데, 이를 달성하기 위해서는 개선과 혁신이 필요하다.

[그림 3-15] 개선과 혁신의 차이

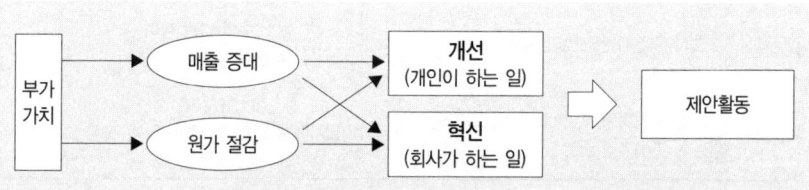

구분	개선	혁신
효과	완만한 변화	극적인 변화
결과	보다 나은 결과를 위한 과정 평가	결과에 대한 이익이 있을 때만 평가 가능
주체	전원 참여	선택된 일정한 사람
지원	소규모 투자	대규모 투자
장점	저성장기에 유리	고성장기에 유리

※자료: 삼성그룹 제안가이드북, 전문 과정, 일부 수정.

개선의 핵심은 제안활동으로서 개인이 하는 일이고, 혁신의 핵심은 경영혁신으로서 회사가 하는 활동으로 구분한다([그림 3-15] 참고).

2) 제안활동과 경영혁신의 장단점

경영혁신은 회사 차원에서 하는 활동이기 때문에 회사에서 지원을 잘해 준다는 장점이 있다. 그러나 선택된 일부 팀이나 소수의 개인이 참여하고, 인원 감축 및 구조 조정 등의 요인 때문에 사원들의 공감대 형성이 미흡하다는 단점이 있다. 반대로 제안활동은 개선의 특성상 누구든 참여할 수 있기 때문에 전원 참여 및 공감대 형성이 가능하지만, 회사 입장에서는 크게 투자하려 하지 않는다.

[표 3-26] 제안활동과 경영혁신의 장단점

구분	장점	단점
경영혁신	회사에서 지원을 많이 해줌	• 선택된 소수의 인원 참여 • 공감대 형성 미흡
제안활동	• 전원 참여(용역, 협력 업체, 고객 등) • 공감대 형성 가능	회사에서 크게 투자하지 않음

3) 제안과 혁신의 통합적 운영

만약 제안활동의 장점과 경영혁신의 장점을 살린 개선활동을 할 수 있다면 전원이 참여하여 공감대가 형성되며 회사에서도 적극적으로 지원해 주는 이상적인 활동이 될 수 있을 것이다. 즉, 제안은 전원 참여 및 공감대 형성의 수단으로, 경영혁신은 문제 해결의 수단으로 활용된다면 경쟁력 있는 활동이 가능할 것이다.

회사에서의 문제 처리 과정은 개선 과제 도출과 개선 과제 선정, 개선활동, 적용 및 유지 관리의 사이클로 되어 있다.

[그림 3-16] 개선활동 사이클

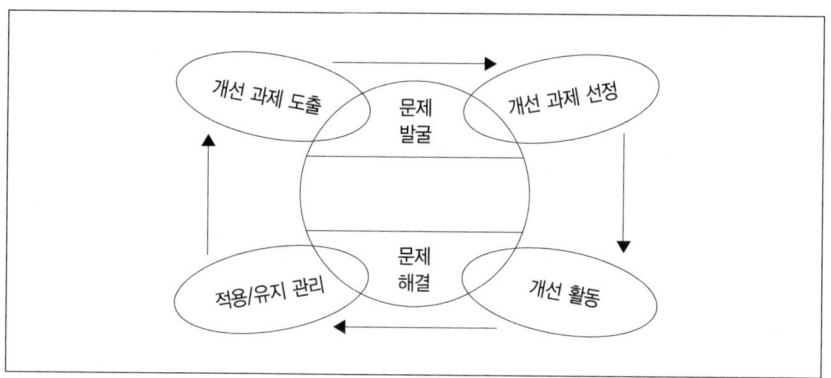

개선 사이클을 보면 우선 개선 과제를 도출하고 문제의 성격에 따라 개선 과제를 선정하게 된다. 이 과제의 특성에 따라 각각의 개선활동을 하고, 마지막으로 개선된 결과가 적용 및 유지 관리되는 과정으로 되풀이되고 있다.

문제 발굴은 회사 내 구석구석에서 일하고 있는 직원들로부터 가능한데, 아이디어제안을 활용하면 문제 발굴이 쉬워진다. 또한 과제화는 경영혁신팀에서 회사 내에 아이디어제안으로부터 발굴된 문제를 해결할 수 있는 것과 해결하지 못하는 것으로 구분하는 식으로 한다. 해결하지 못하는 것은 사유를 적어 제안자나 전사에 공지를 하고, 해결이 가능한 아이디어는 문제의 성격에 따라 개인 해결, 부서 내 해결, 회사 해결로 구분한다. 개인 해결 과제는 실시제안으로, 부서 내 해결 과제는 소집단이나 QC 등의 기법으로, 회사 해결 과제는 경영혁신 기법

(BPR, Work-Out, 전산화, 제도화 등)을 사용하여 문제를 해결하도록 한다. 또한 이런 개선활동 전체를 지식 자산화하여 축적하고, 차기 업무에 재활용하도록 한다.

[그림 3-17] 통합적 과제 해결 프로세스

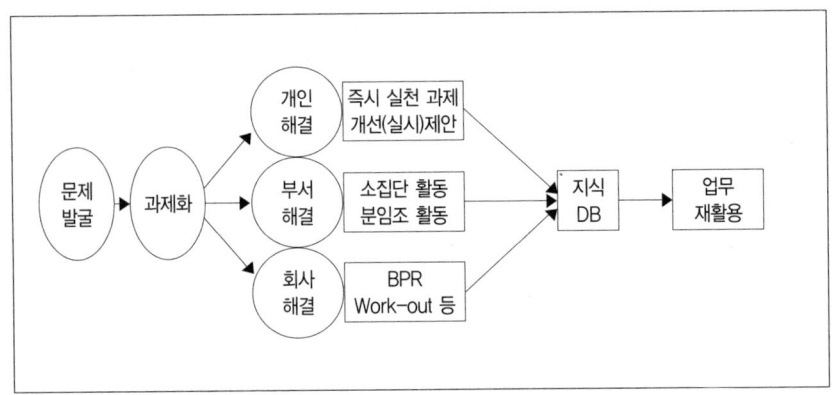

4) 제안활동의 위상 재정립

제안활동과 경영혁신활동을 통합하여 운영하기 위해서는 기존의 제안활동의 위상을 재정립할 필요가 있다. 즉, 아이디어제안은 문제의 발

[표 3-27] 제안활동 역할의 재정립

구분	역할 재정립
아이디어제안	전사 문제 도출 기법으로 활용
개선(실시)제안	회사 문제 중 개인 차원의 문제 해결 기법으로 활용
소집단/분임조 활동	회사 문제 중 부서 차원의 문제 해결 기법으로 활용
경영혁신 기법	회사 문제 중 회사 차원의 문제 해결 기법으로 활용
고객의 소리(VOC)	고객의 입장에서 회사의 문제점 도출

굴 기법으로 활용하고, [표 3-27]에서처럼 실시제안은 개인이 해결하는 수단으로, 소집단이나 분임조는 부서 차원의 문제 해결 수단으로, 경영혁신 기법은 회사 차원의 문제를 해결하는 수단으로 위상을 재정립하면 제안활동과 경영혁신활동 모두의 장점을 살리는 개선활동이 가능하다.

04 신개념 제안제도의 적용 및 활용 사례

제 1 장

극동도시가스

1. 회사 소개

1) 회사 개요

극동도시가스(www.gaspia.co.kr)는 1981년 극동도시가스 법인을 설립하여 1997년 LG 그룹에 편입된 회사로서, 현재의 대표이사는 구자명 사장이다. 한국가스공사로부터 가스를 도매로 받아 서울 9개 구(區) 및 경기도 구리시, 남양주시 등 2002년 말 현재 84만 가구에 도시가스를 공급하는 회사이다.

이 회사는 고객을 위한 가치 창조와 인간 존중의 경영을 경영 이념으로 하고 있으며, 경영 방침은 고객 만족, 안전 문화, 미래 가치 창조이다. 미래상은 안정적 가스 공급과 완벽한 안전 관리를 바탕으로 고객 만족과 주주 가치 극대화를 실현하는 '한국 최고의 청정에너지 회사'

로 성장하는 것이다.

2) 사업 분야

주요 사업 분야는 도시가스를 비롯하여 폐기물 수집 및 처리 사업, 증기 및 온수 공급 사업, 열 병합, 지역 냉난방 및 동 시설의 운전 용역업, 에너지 분야의 연구 개발업, LPG/LNG의 저장 · 충전 · 수송 · 판매 · 수출입 등이다.

2. 제안활동 추진 현황

1) 제안제도 연혁

- 1996년 6월: 제안제도 도입
- 2001년 1월: 제안제도 전면 개정
- 2001년 10월: 지식 정보화 시대에 맞는 제안제도로 변경(컨설팅)
- 2003년 6월: 포상 부문 부분 개정 예정

2) 제안제도 일반 현황

극동도시가스는 제안에 대한 관심과 추진 의지가 매우 강한 대표이사의 리더십을 바탕으로 제안제도 도입(2000. 12) 후 2001년 4월까지 1,800여 건의 제안이 제출되어 상승하는 듯하다가 감소세로 돌아서 제안 활성화 차원에서 교육을 실시하게 되었다. 한국능률협회컨설팅에 소속된 필자는 2001년 4월, 전 사원을 대상으로 신개념의 제안 방법을 교육하면서 업무와 제안은 동일한 개념으로 접근하라고 강조하였다.

교육 내용에 대한 호응에 힘입어 2001년 5월부터 6월까지 5일간에 걸쳐 제안 정밀 진단 및 제도 보완, user oriented 방식의 제안 전산 시스템 재구성을 통해 신개념의 제안제도를 도입하여 운영한 결과 극동도시가스의 제안 건수는 괄목할 만한 성장을 보였다. 신개념의 제안제도를 도입하기 전에는 월 평균 400건(인당 0.5건 수준) 정도의 제안이 제출되었는데, 제안제도 변경 후에는 월 평균 1,000건(인당 1.3건 수준) 정도를 제출하여 2.5배 정도의 향상을 보였다. 현재도 꾸준히 월 1,000여 건 정도의 제안이 제출되고 있다.

3) 연도별 제안 제출 현황

신개념 제안제도 도입 첫해인 2001년에는 8,275건이 제출되었고, 2차년도인 2002년에는 11,718건이 제출되었다.

[표 4-1] 극동도시가스 연도별 제안 제출 추이

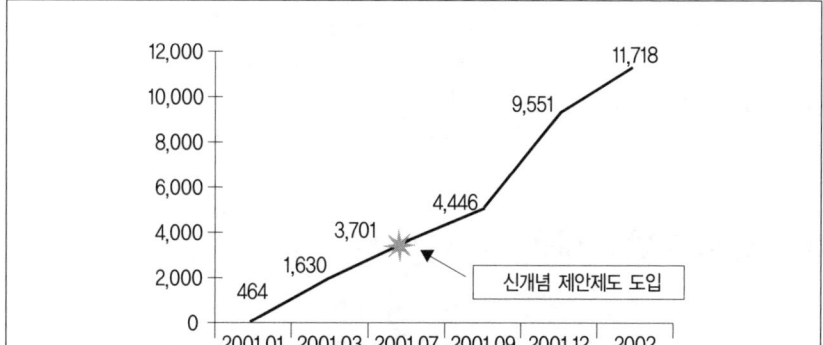

또한 아이디어제안제도를 실시제안과 병행하여 실시하고 있으며, [표 4-2]에서 보는 바와 같이 전체 제안 중 채택률이 43%가 될 정도로

[표 4-2] 2002년도 제안활동 실적

● 2002년 총 제안 현황 (단위: 건, %)

구분	제출				채택	
	계(%)	월 평균	총 인원당	참여 인원당	건수	비율
회사	3,927(33.5)	327	12.2	13.9	2,148	55.2
지역 관리소	7,791(66.5)	649	17.3	20.7	2,851	37.1
계	11,718(100)	976	15.2	17.8	4,999	43.2

● 2002년 제안 참여 인원 현황 (단위: 명, %)

구분	총원	참여			
		1회 이상		월 평균 참여	
		인원	비율(%)	인원	비율(%)
회사	323	282	87.3	103.1	31.9
지역 관리소	450	376	83.6	144.5	32.1
계	773	658	85.1	247.6	32.0

매우 높은 채택율을 나타내고 있다.

3. 제안제도 변경 내용

극동도시가스는 신개념의 제안제도를 도입하기 위하여 기존의 제안
제도를 혁신적으로 수정하였으며, 전산 시스템도 구축한 지 10개월 만
에 재구축하였다.

신개념의 제안제도 내용을 보면 [표 4-3]과 같다.

[표 4-3] 제안제도 변경 내용

항목	변경된 제안 규정
1. 제안 형태	• 아이디어제안+실시제안
2. 제안 대상	• 자신의 업무가 곧 제안
3. 제안 제출	• 모든 제안은 제안자가 심사팀 직접 지정 　- 아이디어제안: 해당 팀장 　- 실시제안: 소속 팀장
4. 제안양식(전산)	• 제목 • 제안 내용(간소화)
5 심사 방법	• 심사 기준 적용
6. 아이디어 심사 기준	• 심사 기준은 실시 가능성 　- 실시 가능: 채택 　- 실시 불가능: 보류/참가
7. 등급 결정 기준	• 경영 기여도에 의한 기준 • 심사 기준표 사용
8. 제안 등급	• 아이디어 및 실시제안(3등급): 채택/보류/참가 • 실시 완료 후: A급/B급/C급
9. 포상 운영위원회	• 1차 심의위원회: A급, B급 제안으로 순위 결정, 후보군 추천 • 2차 심의위원회: 최종 포상 등급 결정(대상/최우수상/우수상/장려상)
10. 시상 및 인센티브	• 아이디어 및 실시제안 - 채택: 5point 　　　　　　　　　　- 보류: 2point 　　　　　　　　　　- 참가: 0.5point • 실시 완료 후: 2003년 하반기 예정(A급: 20점, B급: 2점, C급: 0점) • 실시자/심사자 인센티브: 2003년 하반기 예정 • 제안 point 제도 운영 - 누적 10point = 1만 원 　　　　　　　　　　- 누적 30point = 3만 5,000원 　　　　　　　　　　- 누적 50point = 6만 원 　　　　　　　　　　- 누적 100point = 15만 원
11. 특별 인센티브	• 포상(연 2회) - 대상(1명): 100만 원 　　　　　　- 최우수상(1명): 50만 원 　　　　　　- 우수상(수명): 30만 원 　　　　　　- 장려상(수명): 10만 원

4. 제도 변경으로 좋아진 점

신개념의 제안제도로 변경해서 적용한 후 임직원들에게 설문 조사를 실시했는데, 그중에서 주관식으로 답변한 내용들은 다음과 같다.

〈신개념의 제안제도 도입 후 변경된 내용〉
- 팀 내 업무 결정이 신속해졌다.
- 사원들의 의견 개진이 많아졌다.
- 모든 사원들이 업무 참여에 적극적인 태도로 변했고, 사고도 긍정적으로 바뀌었다.
- 일상적인 업무를 다시 한번 생각하는 방향으로 변모하는 것 같다.
- 수동적이고 소극적이던 사고가 능동적이고 적극적인 사고로 바뀌었다.
- 이전에는 '요구 사항 관철'이 제안이라고 생각했는데, 점차 업무 개선 쪽으로 사고가 변모하고 있다.
- 제안 용어에 대해 도입 초기보다 친밀해지고 생활화된 것 같다.
- 제안제도가 불만 사항의 창구뿐만 아니라 업무 개선의 창구 역할까지도 맡고 있다.
- 제안의 기술 및 방법이 향상되었다.
- 제안자의 눈높이를 알게 되어 관리자의 일방적인 업무 처리가 자제된다.
- 지역 관리소와 회사 팀 간의 문제점을 파악하게 되어 본사와 지역 관리소 간의 괴리감이 상당 부분 해소되었다.
- 제안제도가 업무에 대한 견제 기능 역할을 수행하고 있다.

- 의사 소통이 원활해졌다(사원들의 자기 주장 및 의견이 강해졌다).
- 업무에 대한 관심 및 연구 분위기가 조성되었다.
- 제안이라는 좋은 제도를 통해 자료나 정보 공유가 가능해졌다.
- 업무의 투명성이 확보되었다.
- 고정관념을 탈피하고 변화를 주도하는 모습으로 변모하였다.
- (사소한 업무까지)업무 개선 효과가 발생하였다.
- 보상에 대한 관심이 많아졌다.
- '생각하는' 업무 분위기가 조성되었다.
- 제안 리더 및 사냥꾼의 적극적인 활동에 따라 주변 동료들의 동참이 이루어지는 분위기가 형성되었다.
- 제안을 통한 개인별 취향 및 개인 능력의 파악이 용이해졌다.
- 잘못된 업무에 대한 견제 기능이 생기게 되었다.
- 사원 간의 상호 커뮤니케이션 활성화로 업무 개선 및 동료애가 형성되었다.
- 제안 내용에 대해 팀원들이 바로 공유할 수 있어 업무가 명확히 처리되고 규정화된다.

5. 제안 활성화의 요인

제안이 활성화되기까지에는 신개념의 제안제도 도입이 기폭제가 되었지만, 단순히 제도 도입만으로 이루어진 것은 아니다. 극동도시가스의 제안이 활성화된 데에는 신개념의 제안제도뿐 아니라 다음과 같은 요인도 성공 요인으로 작용하였다.

- 어떤 내용이든 부담 없이 제안으로 제출할 수 있는 분위기 조성
- 당연히 해야 할 자신의 고유 업무도 제안으로 인정되는 분위기 조성
- CEO의 강력한 제안 활성화 추진 의지
- 편리한 전산 시스템 구축으로 용이해진 제안 참여
- 업무제안 활성화를 위한 제안 리더 대상의 정기적인 워크숍 및 교육 실시
- 사용하기 쉬운 제안 포상금 신청 시스템 구축
- 말로 하면 안 되던 것을 제안하면 신속히 처리되는 분위기 조성

6. 연락처

1) 제안 사무국: 경영개선실 제도개선팀

실장: 박우찬 이사(2210-7203, pwc@gaspia.co.kr)

담당: 권재수 차장(2210-7222, jskwon@gaspia.co.kr)

　　　조성철 사원(2210-7224, csc@gaspia.co.kr)

　　　한미양 사원(2210-7226, hmy@gaspia.co.kr)

제 2 장

KTF

1. 회사 소개

1) 회사 개요

KTF(www.ktf.com)는 남중수 사장이 대표이사로 재직하고 있으며, 1,000만 이상의 가입자를 확보한 대한민국 이동 통신 업계의 선두 주자로서 최고의 통화 품질과 최상의 고객 서비스를 제공하기 위해 꾸준히 노력하고 있는 회사이다. 그 결과 2001년 정보통신부 통화 품질 측정에서 지상/지하 모두에서 명실 공히 업계 최고 1위의 통화 품질을 인정받게 되었다.

KTF는 018의 장점을 살리고 016의 부족한 점을 보완하기 위해 적극적인 기업 합병을 통해 유무선 포털 서비스 Magicⓝ을 선보임으로써 무선 인터넷의 대표 주자로 각광받고 있다. 한국통신 컨소시엄을 통한

IMT-2000 사업권의 획득으로 미래 가치를 더욱 제고하게 된 KTF는 풍부한 PCS 사업 경험과 1,000만이 넘는 가입자를 바탕으로 IMT-2000 사업 준비의 선두 주자가 될 것이다.

2) KTF Brand

KTF의 주요 브랜드로는 기업 대표 브랜드인 KTF, 유무선 포털 서비스 브랜드인 Magicⓝ, 신세대 개성 브랜드인 Na, 1318 세대를 위한 브랜드인 Bigi, 여성 프리미엄 브랜드인 DRAMA, 2535 세대를 위한 브랜드인 Main, CS 토털 브랜드인 KTF MEMBERS, 유무선 전자 상거래인 Kmerce, 비즈니스 파트너인 VIZ, MT-2000 브랜드인 FIMM, 국제 전화 서비스인 00345, 코리아 파이팅 브랜드인 Korea Team Fighting 등이 있다.

2. 제안활동 추진 현황

1) 제안제도 연혁
- 1999년 12월: 제안제도 도입
- 2001년 11월~12월: 제안제도 전면 개정(컨설팅)
- 2002년 4월: 새로운 제안제도 open

2) 제안제도 일반 현황

KTF는 업무에 대한 적극적 참여 의식 및 업무 개선 의식 향상을 목적으로 제안을 추진하였으며, 아이디어제안제도와 본사 중심의 제도를 운영하였다. 그러나 제안의 대부분이 상품/서비스, CS(해지 방어, 고객 만족) 위주로 진행되었고, 제안 건수도 1999년 132건으로 시작되어 2000년에는 1,746건, 2001년에는 1,885건으로 점점 증가 추세에 있었다고는 하나 연간 2,000건이 채 안 되어 제안에 참여하는 인당 참여율 및 건수가 절대적으로 부족한 상태였다. 그래서 2001년 12월부터 2002년 2월까지 한국능률협회컨설팅에 소속된 필자에게 컨설팅을 받아 신개념의 제안제도를 도입하게 되었다. 그 결과 제안 건수가 2002년에는 무려 9,189건으로 증가하여 거의 1만 여 건에 육박히는 괄목할 만한 성장을 보였다.

신개념의 제안제도를 도입하기 전에는 월 평균 150건(인당 0.1건 수준) 정도의 제안이 제출되었는데 제안제도 변경 후에는 월 평균 750건(인당 0.7건 수준) 정도가 제출되어 5배 정도의 향상을 기록했으며, 현재도 꾸준히 월 1,000여 건 정도가 제출되고 있다.

3) 연도별 제안 제출 현황

제안제도가 시작된 첫해인 1999년에는 132건으로 시작한 제안 건수가 신개념의 제안제도 도입 첫해인 2002년에는 9,189건으로 증가하였다([표 4-4] 참고).

아이디어제안제도를 실시제안과 병행하고 있지만 아이디어제안의 비중이 30%, 실시제안이 70%를 차지하는 등 아이디어제안보다는 실시제안의 비율이 훨씬 높아져 전반적으로 실시 위주의 분위기로 전환되고 있다([표 4-5] 참고).

[표 4-4] KTF의 연도별 제안 제출 추이

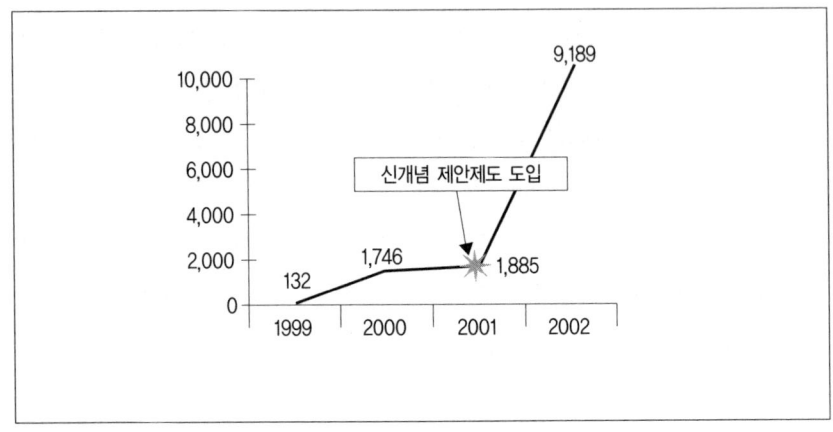

[표 4-5] 2002년도 제안 현황

구분	아이디어제안			실시제안					합계
	채택	단순	소계	추천	우수	보통	보완	소계	
건수	918	1,845	**2,763**	609	2,006	3,441	370	**6,426**	9,189
비율	33%	67%	**30%**	6.6%	22%	37%	34.4%	**70%**	**100%**

※아이디어제안:실시제안 = 2,763:6,426 = 30:70
  아이디어제안 중 채택제안 33%, 단순 제안 67%
  실시제안 중 추천 제안 6.6%, 우수 제안 22%, 보통 제안 37%, 보완 제안 34.4%

3. 제안제도 변경 내용

KTF는 신개념의 제안제도를 도입하기 위해 기존의 제안제도를 혁신
적으로 수정하였으며, 전산 시스템도 새롭게 구축하였다. 신개념의 제
안제도 내용을 보면 [표 4-6]과 같다.

244

[표 4-6] 제안제도 변경 내용

항목	변경 전	변경 후	효과
제안 형태	• 아이디어제안	• 아이디어제안+실시제안	• 실시 중심으로 전환
제안 대상	• 자신의 업무는 제안으로 불인정 • 제조업 중심	• 자신의 업무가 곧 제안 • 사무 간접, 서비스업 중심	• KTF 특성 반영 • 업무 경쟁력 강화
제안 제출	• 모든 제안은 전사 사무국으로 제출 • 제안 사무국에서 심사 부서 지정	• 실시제안 → 자신의 팀장에게 • 아이디어제안 → 해당 팀장에게 • 제안자가 직접 심사 부서 지정	• 제안 처리 간소화 • 사무국 업무 간소화 • 심사 부서 아는 것도 자기 계발
제안양식 (전산)	• 제목 • 제안 개요 • 현행 문제점/개선안/개선 효과	• 제목 • 제안 내용	• 양식 간소화 • 업무의 특성에 맞게 사용
제안 심사	• 심사표 사용 • 7일 이내 제안 검토 • 저등급/고등급 판단	• 심사표 폐지 • 즉시 검토(최소 1일) • 아이디어제안: 채택 여부 • 실시제안: 등급 결정	• 심사 간소화 • 팀장에게 위양 • 심사 스피드화 • 평가의 현실화
등급 결정	• 심사표에 의한 점수 산출	• 심사표 없이 즉결식	• 심사표 없이도 판정 가능

제안 등급	• 고등급
	  S등급: 90점 이상
	  A등급: 80점~89점
	  B등급: 70점~79점
	  C등급: 60점~69점
	• 저등급
	  불채택: 60점 이하
		• 아이디어제안
		  채택: 실시 예정
		  단순: 실시할 수 없는 제안
		• 실시제안
		  추천: 본부 포상 추천
		  우수: 실시 효과 우수
		  보통: 보완과 우수의 중간
		  보완: 실시 효과가 낮은 경우
			• 등급의 간소화
			• 등급 결정의 신속화
			• 특별 포상과 연계

고등급 포상	• 심사위원회에서 심사 후 포상	• 포상위원회로 대체	• 제안 프로세스 간소화
포상 위원회 운영	• 없음	• 본부 포상위원회 운영(분기 1회) • 전사 포상위원회 운영(연 1회)	• 제안과 포상 분리
제안 조직	• 전사 사무국	• 전사 사무국 • 본부 사무국(제안 지도사) • 팀별 제안 리더 선임	• 본부/팀 중심의 자율적 제안활동 추진

시상 및 인센티브	• 고등급 S등급: 100만 원 A등급: 50만 원 B등급: 20만 원 C등급: 10만 원 • 저등급 불채택: 상품권(5,000원) • 매월 확대 간부 회의에서 포상 • 검토 인센티브: 건당 1,000원 • 심사 인센티브: 건당 1,000원	• 아이디어제안 채택: 1만 원+5M 단순: 1M • 실시제안 추천: 2만 원+30M 우수: 1만 원+15M 보통: 5,000원+10M 보완: 5M • 팀장이 결정(권한 위양) • 심사 인센티브: 건당 1,000원	• 실시 위주의 포상 • 개선이 되어야 포상이 많음 • 경영에 기여하는 제안이 좋은 제안 • 우수 아이디어에도 포상 • 마일리지(M) 추가 부여 • 검토 개념 폐지
특별 포상	• 최고 제안상: 100만 원+해외 • 우수 제안상: 50만 원+해외 • 최다 제안상: 100만 원+해외 • 제안 최우수 부서: 200만 원 • 제안 우수 부서: 100만 원 • 건수 기준 평가	• 본부별 포상 (분기 1회 본부별 실시) 금상: 30만 원+100M 은상: 20만 원+70M 동상: 10만 원+50M 장려상: 5만 원+30M • 전사 포상(연 1회) 대상: 100만 원+500M+해외 최우수상: 70만 원+300M+해외 우수상: 50만 원+200M+해외 장려상: 30만 원+100M • 특별상 제안왕: 100만 원+해외 최우수 본부: 300만 원+본부 리 더 해외 최우수 부서: 100만 원 • 마일리지 기준 평가 (전산 자동 평가) • 마일리지당 1,000원 지급 (일정 점수 도달)	• 포상은 본부 위주로 수여 • 양과 질 동시 평가

제안 프로세스도 [표 4-7]에서 보는 것과 같이 제안 프로세스와 포상 프로세스로 구분하여 제안 처리를 신속하게 하였다.

[표 4-7] 제안 프로세스 변경

■개선 전 프로세스

구분	제안자	지적 재산권 관리 부서	운영부서(경영혁신팀)	검토/시행부서	제안 심사위원회
제안 제출	제안 작성			제안 접수	
자/고등급 판정 및 자등급 포상			피드백 및 포상 (자등급 제안)	자/고등급 판정 → 고등급 제안	
고등급 제안 검토			심사 상정	제안 검토	
제안 심사			고등급 포상	심사 의뢰	제안 심사위
제안 포상		특허 출원 프로세스 (지재권 관리 부서 관할)		제안 시행	
사후 관리(시행)			시행 결과 보고		
지재권 관리		출원 여부 검토	출원 의뢰		

제안자가 검토 부서 지정

(출원 보상, 등록 보상, 실시 보상 실시)

제안 처리 결과 피드백 (실시 보상 실시)

출원 / 미출원

■개선 후 프로세스

구분	제안 프로세스			포상 프로세스			
	제안자	실시자	심사자	본부 사무국	본부 포상	전사 사무국	전사 포상
처리 Flow	아이디어 → 아이디어 제안 → 선택 (Y: 실시자 지정 / N: 피드백·의견 첨부) ← 개선 활동 ← 문제 → 실시 제안 → 등급 결정 → 추천 → 취합 → 본부 포상위원회 → 취합 → 전사 포상위원회						

구분	의무 사항	Option
효과 산출		
심사 기준	경영 기여 효과	〈아이디어제안〉 실시 가능성, 〈실시제안〉 경영 기여도
심사표	있음/별도 심사표	없음
시기	〈본부 포상〉 월 1회, 〈전사 포상〉 연 1회	수시
포상	〈본부 포상〉 금상 은상 동상 장려상 〈전사 포상〉 대상 최우수상 우수상 장려상	〈실시제안〉 추천 우수 보통 보완 〈아이디어제안〉 채택 단순

248

4. 제도 변경 이후 제안제도의 운영 현황

총 제안 건수 및 1인당 제안 건수는 제도 개선 전보다 5배 이상 증가하여 신개념의 새로운 제안제도 효과가 매우 컸다. 특히 제도 전에는 아이디어 위주였는데 제도 변경 후에는 실시제안이 70% 정도 되어 철저하게 실질적인 개선 중심의 전환이 되었다. 참여 인원은 각 실 및 총괄, 본부별로 100% 참여율을 보이고 있으며, 제안의 약 80%가 기업 경쟁력 강화에 직접 기여하는 지역 본부 네트워크 및 기술 총괄 본부에서 나오고 있다.

5. 연락처

1) 전사 사무국 기획실 경영혁신팀
담당: 박진영 과장(016-212-1016, jypark@ktf.com)

제 3 장

삼천리

1. 회사 소개

1) 회사 개요

삼천리(www.samchully.co.kr)는 1955년 창립 이후 '에너지'라는 한 길만을 걸어 온 기업이다. 현재 진주화 사장이 대표이사로 재직하고 있고, 국내 도시가스 업계 1위를 차지하고 있으며, 2001년 업계 최초로 매출 1조 원을 돌파한 기업이다.

삼천리는 도시가스 소매 부문의 확장과 수평적 영역 확대 및 LNG 도입/도매 진출의 수직적 영역 확대, 시너지 효과 극대화를 위한 가스 공급권역에서의 배전 사업 진출을 비전으로 하여 가스, 열, 전기의 일원화된 공급으로 고객에게 최적의 에너지를 제공하는 21세기 최고의 복합 에너지 전문 기업을 목표로 하고 있는 기업이다. 고객 중심 경영의 정착, 삼위일체 안전 관리 체계의 구축, 재무 구조의 견실성 및 유동성 제고, 인력의 질적 수준 향상, 신규 사업 확대 추진을 경영 방침으로 하여 내실 경영을 통한 미래 가치 창출을 목표로 하고 있다.

2) 사업 분야

주요 사업 분야는 도시가스 사업과 에너지 사업, 유통 사업이다. 도시가스 사업은 가정용, 영업용, 업무용, 상업용이 있으며, 복합 에너지 전문 기업으로 발전하기 위해 수직적으로는 LNG 도입/도매 사업에 신출, 수평적으로는 Co-Gen(열 병합 발전), CES(소규모 집단 에너지), CNG(압축 천연가스) 이용으로 사업 다각화를 추진하고 있다.

2. 제안활동 추진 현황

1) 제안제도 연혁
- 1978년: 제안제도 도입 운영
- 1999년 7월~8월: 제안제도 전면 개정(컨설팅)
- 1999년 10월: 새로운 제안제도 open

2) 제안제도 일반 현황

삼천리는 1978년에 제안 규정을 만들어 제안활동을 하였으나 1990년 초 담당 부서의 역할 미흡과 사원들의 무관심 등 여러 가지 문제로 제안제도가 유명무실해져 침체되고 있었으며, 임직원들도 제안에 대해 필요성은 느끼지만 부정적인 인식으로 방치해 둔 상태였다. 그러다가

1999년 ISO를 추진하면서 제안활동의 필요성을 재인식하여 1999년 7~8월 중 3일간에 걸쳐 신개념의 제안제도를 받아들임으로써 제도를 대폭 손질하였고, user oriented 방식의 제안 전산 시스템을 구축하였으며, 7일 간에 걸쳐 전 사원 교육을 실시하여 제안이 활성화되었다.

그 결과 신개념이 도입된 첫해인 1999년에는 9월부터 12월까지 3개월 동안 1,596건의 제안이 제출되었다. 그 동안 제안에 대한 부정적인 인식이 팽배했던 상황을 고려하면 괄목할 만한 수준이었다. 지난 2002년에는 총 건수가 3,000건을 넘어서 이제는 제안이 일상화되었다고 볼 수 있다.

3) 연도별 제안 제출 현황

제안제도가 시작된 첫해인 1999년도 상반기에는 제안 제출이 거의 없었으나, 연말에 1,596건으로 시작되어 2000년도에는 2,596건, 2001년도에는 2,496건, 2002년에는 3,213건으로 평균 30%의 성장을 보이고 있다.

[표 4-8] 삼천리의 연도별 제안 제출 추이

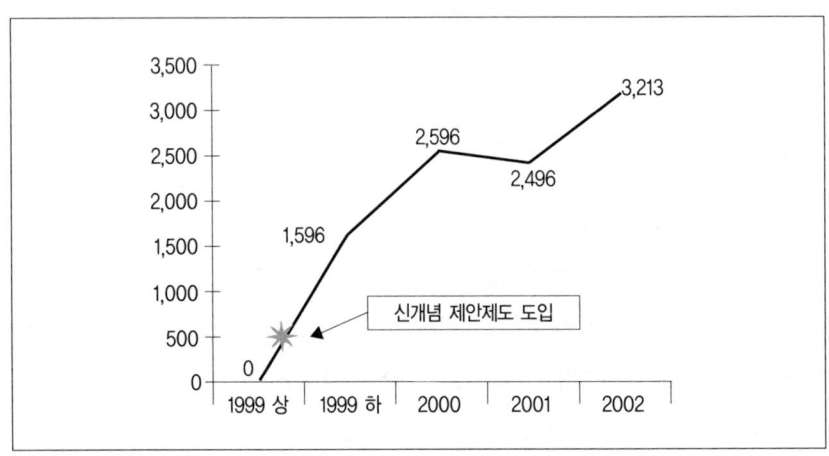

3. 제안제도 변경 내용

삼천리는 신개념의 제안제도를 도입하면서 제안 전산 시스템도 새롭게 구축하여 제도 프로세스를 스피드화하였고, 포상 등급도 단순화하였다.

신개념의 제안제도 내용을 보면 [표 4-9]와 같다.

4. 제도 변경 이후의 제안제도 운영 현황

삼천리는 신개념의 제안제도 도입 이후 제안 활성화를 위한 활동을 꾸준히 해 왔다. 특히 2003년에는 제안제도를 업그레이드하여 업무 개선 촉진, 업무 시행착오 축소, 지식 자산 관리라는 3가지 목적하에 기존 제안제도를 지식제안제도로 재설계하였으며, 전산 인프라 구축을 위한 1단계 KMS 개발 업무 진행으로서 2003년 6월에 전산 시스템을 재구축하여 open할 예정이다.

5. 연락처

1) 전사 사무국 경영기획팀 지식경영 전담 조직

담당: 이재호 계장(02-368-3452, jaeho@samchully.co.kr)

[표 4-9] 제안제도 변경 내용

구분	제안제도 변경 내용	비고
제안 제출	• 전산 입력이 기본(부서장에게 송부) • 부서 업무 목표 달성이 주요 대상 • 필요 시 중복 제안 허용 • 제안 진행 절차 전산에 의해 즉시 파악	• 필요 시 양식 작성(삭제) • 업무제안 실시 • 부서 내 중복 금지
제안 심사	• 경험에 의한 심사 • 실시 여부에 따라 3등급 심사: 건의/참가/채택 • 제안 즉시 부서장 심사(1단계) • 제안 즉시 Real-time 심사 • 실시자 및 실시 기간 지정	• 저가치 제안 즉시 심사
개선 결과 입력	• 제안별 효과 산출 의무화 폐지 • 개선 후 개선 내용 위주로 입력 • 효과 산출은 부서의 대표 사례만 구체적으로 산출 • 개선 결과 일자 입력(자동 입력됨)	• 전사 사무국 제출
등급 결정	• 반드시 개선 후에 결정 • 개선 결과의 기여도에 따라 등급 결정(3등급) 탁월(A), 양호(B), 보통(C) • 등급은 부서장이 직접 입력 • 등급 결정 일자 입력(자동 입력됨)	• 등급 결정은 시상금 지급 기준임
시상 및 인센티브	• 실시자가 개선 결과 입력: 마일리지 3,000점 • 개선 후 등급에 따라 지급 탁월(A): 10만 원 양호(B): 3만 원 보통(C): 1만 원 • 마일리지 부여 채택: 2,000점 참가: 1,000점 건의: 200점 • 심사자는 건당 마일리지 200점 부여	• 마일리지 누적 점수에 따라 별도 보너스 시상 • 2만 점 증가마다 2만 원 지급 • 효과가 큰 것은 회사 차원에서 별도 시상
시상금 지급	• 본사: 지식경영 전담 조직에서 팀장에게 전달(팀장이 부서원에게 수여) • 지역본부: 지역본부장(월례 조회 시 지역본부장이 수여) • 지급일은 매월 초	• 시상금 지급 기준은 등급 결정일을 기준으로 함

제 4 장

e-mail 수준의 전산 시스템 구축

1. 회사 소개

1) 회사 개요

(주)다모넷(www.damonet.com)은 서울 역삼동에 위치하고 있으며, 2000년 3월에 설립되어 지난 3년 간 ERP(섬유/중계 무역 특화), EKP(KMS, Groupware, EDMS, e-HR, PLM) 등 기업용 솔루션을 개발, 구축하고 있는 전문 SI 업체이다. (주)다다실업 등 국내 중견 기업을 대상으로 IT 컨설팅, 전산 시스템 구축, 유지 보수 서비스를 제공하고 있다.

2) 사업 분야

주요 사업 분야는 Web & IT integration을 기반으로 ERP, EKP(KMS), SCM, CRM, e-Marketplace를 구축하여 기업의 e-Business에 필요한

IT Strategy, BPR, System Integration, e-Commerce services를 수행하고 있다.

[그림 4-1] 다모넷 Business Model

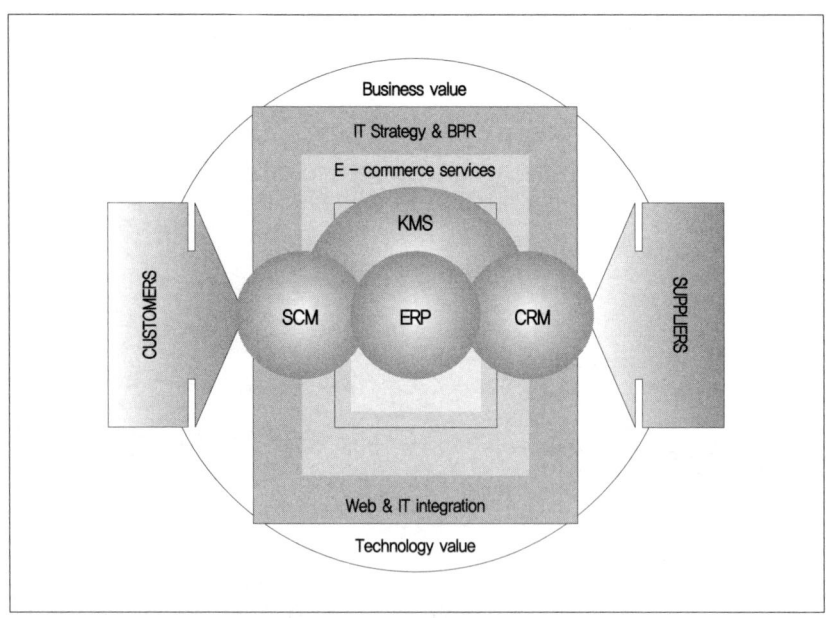

2. 제안 전산 시스템 소개

1) 제안 전산 시스템 WIKK-ISS

(주)다모넷에서 개발된 WIKK-ISS(Web Idea Kaizen Knowledge-Improvement Suggestion System)는 기업에서 도입, 운영하고 있는 아이디어제안, 실시제안, 지식제안, 테마제안 등을 인트라넷으로 구축한 시스템이다.

이 시스템의 특징은 e-mail 수준으로 쉽게 되어 있다는 것이며, 인터넷을 표준으로 하는 Web 기반의 시스템으로서 제안자, 실시자, 심사자 모두가 쉽게 접근할 수 있는 철저한 사용자 중심(user oriented 방식)으로 구축되어 있어 누구든 사용할 수 있다는 것이다.

2) WIKK-ISS의 주요 기능

- 나의 제안: '나의 제안'의 처리 현황 조회
- 아이디어제안 입력: 아이디어제안의 입력
- 아이디어제안 심사: 아이디어제안의 즉결식 3단계 심사
- 실시제안: 채택제안의 실시 결과 입력
- 실시 후 제안: 본인이 개선 완료 후 제안
- 지식제안: 나의 경험 및 노하우 등록
- 실시제안 및 지식제안 심사(등급 결정): 실시제안의 즉결식 3등급 심사
- 테마제안: 특정 테마 등록 및 제안 현황
- 제안 관리자용: 전산 시스템 운영 지원을 위한 별도의 기능 등으로 구성

3) 제안 전산 시스템 WIKK-ISS 화면 소개

● WIKK-ISS 초기 화면

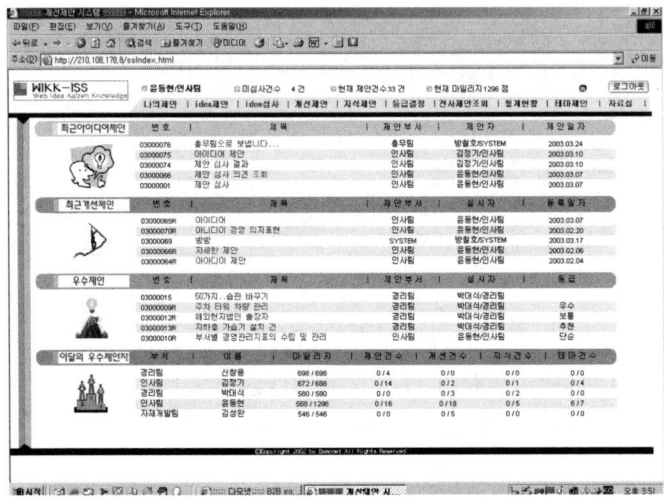

● '나의 제안' 현황 화면

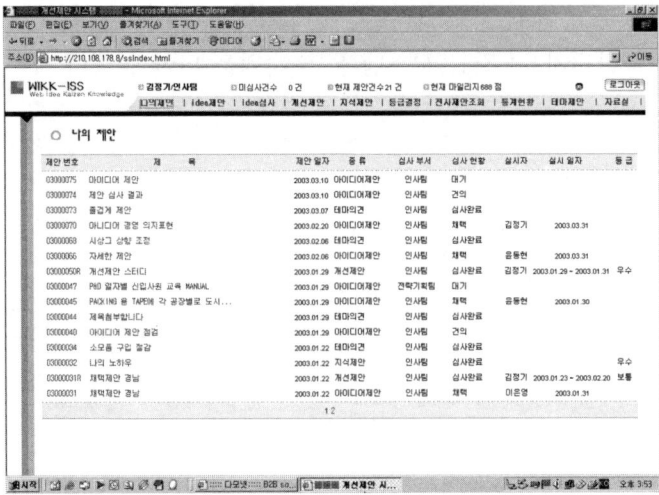

● 아이디어제안 입력 화면

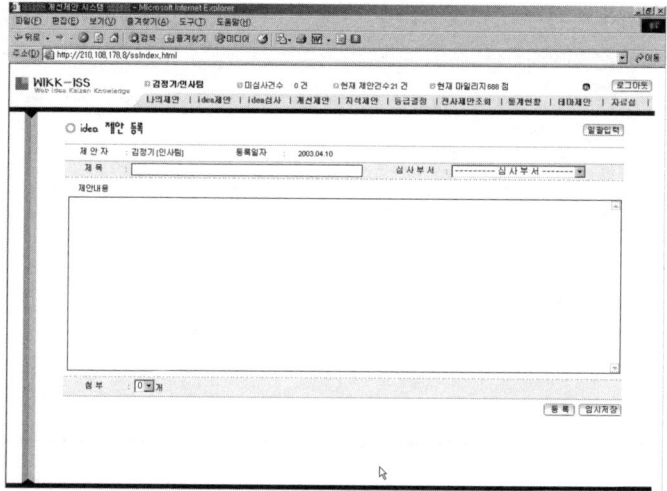

● 아이디어제안 심사 화면

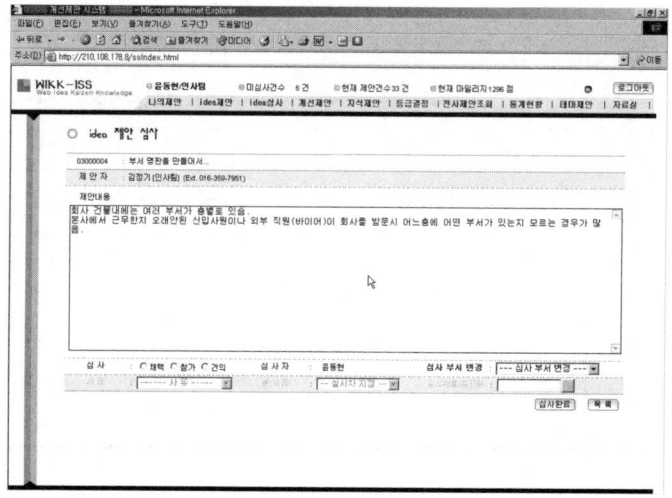

●실시제안 등록 화면

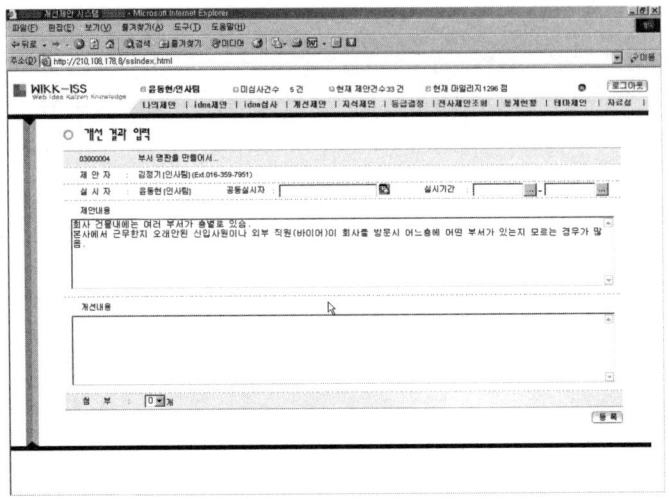

●지식제안 등록 화면

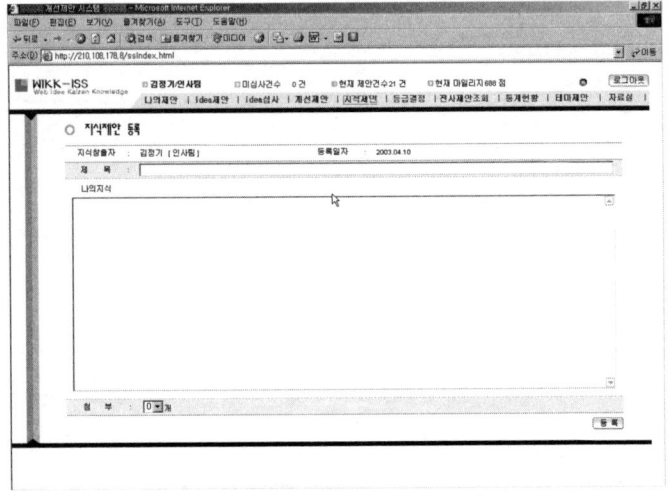

● 실시제안 심사 화면

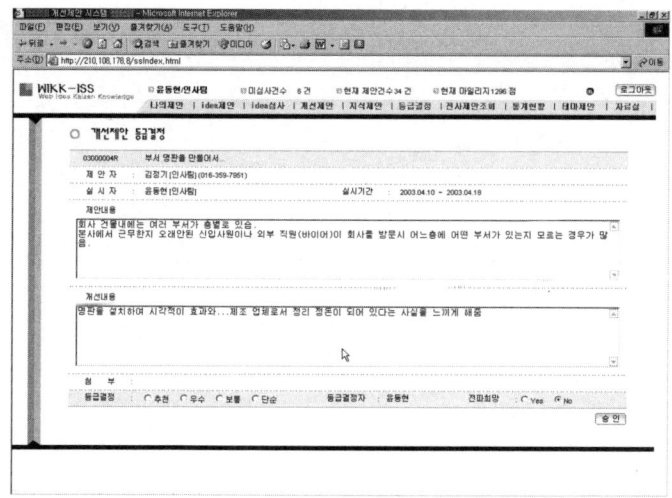

● 테마제안 현황 화면

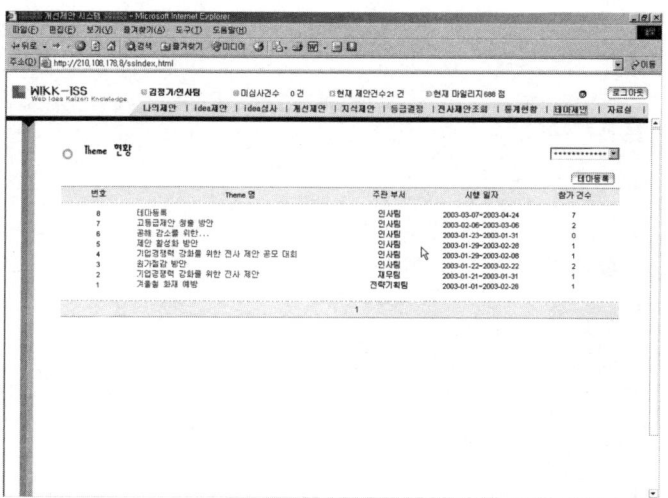

● 전사 제안 현황 조회 화면

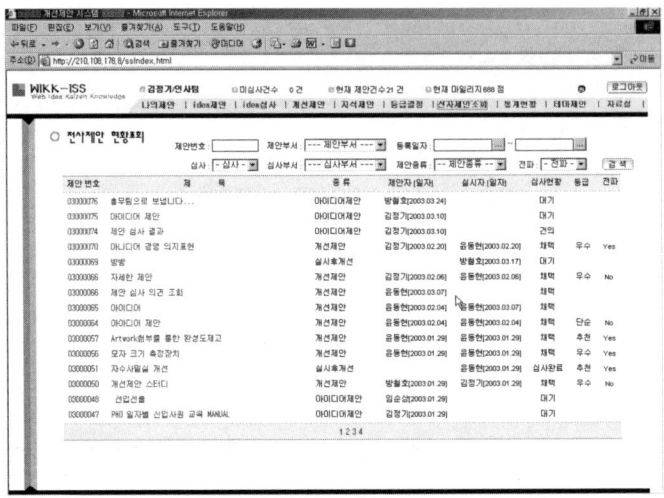

● 관리자 화면

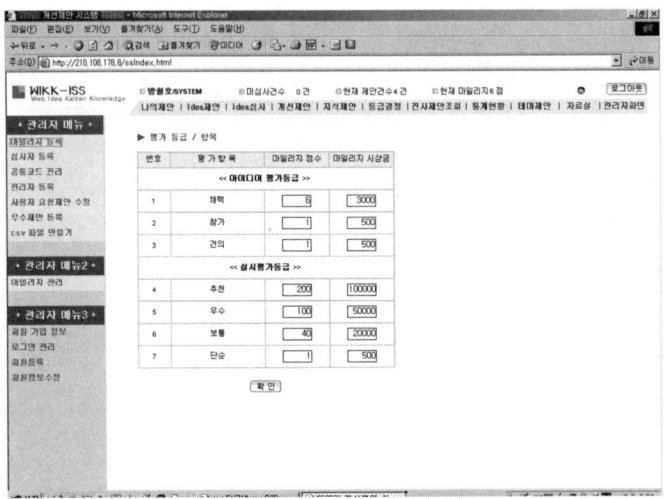

실행하기 쉬운 21세기형 제안제도

1판 1쇄 발행 2003년 6월 25일
　　4쇄 발행 2009년 1월 30일

지은이 어용일

펴낸이 이웅녕
펴낸곳 리드리드출판(주)
출판등록 1978년 5월 15일(제13-19호)

주소 서울 마포구 도화동 544 고려빌딩 209호
홈페이지 www.readlead.kr
이메일 we@readlead.kr
전화 (02)719-1424
팩시밀리 (02)715-1404

값 11,000원

ISBN 89-7277-218-6 13320